哲學很有事

哲學開外掛，
認識哲學家的新角度！

近代哲學（上）

Cibala——著

三民書局

國家圖書館出版品預行編目資料

哲學很有事：近代哲學(上) / Cibala著.－－初版一刷.
－－臺北市: 三民, 2019
面; 公分.－－(Think)

ISBN 978-957-14-6510-4 (平裝)

1. 西洋哲學史 2. 近代哲學 3. 通俗作品

143.2 107018900

© 哲學很有事：近代哲學(上)

著作人	Cibala
責任編輯	連玉佳
美術設計	林易儒
發行人	劉振強
發行所	三民書局股份有限公司 地址 臺北市復興北路386號 電話 (02)25006600 郵撥帳號 0009998-5
門市部	(復北店) 臺北市復興北路386號 (重南店) 臺北市重慶南路一段61號
出版日期	初版一刷 2019年1月
編號	S 100380

行政院新聞局登記證局版臺業字第〇二〇〇號

ISBN 978-957-14-6510-4 (平裝)

http://www.sanmin.com.tw 三民網路書店

《哲學很有事》推薦序

國立臺灣大學哲學系教授
苑舉正

從專業的哲學角度來講，《哲學很有事》這兩本書所包含的內容，並不算是我們經常看到的哲學教科書，更不要說是我們一般所認知的哲學史。然而，對於我這麼一個哲學專業工作者而言，《哲學很有事》這本易懂，甚至有趣的「虛擬哲學史」，卻展現出我們現今閱讀哲學的三個困境：

首先，我們經常在閱讀長篇大論以及論證細膩的哲學書籍時，不論是原文書還是翻譯本，書中的內容往往極為複雜，讓絕大多數的人，甚至包含哲學系的專科學生，往往不是自認缺乏領悟力，或是實在缺乏忍耐力，以致於讀到一半，經常放棄，不能夠了解西洋哲學裡的主要內容。

其次，在時間長達二千多年，資料無比浩瀚的西洋哲學史中，一般人讀起來，總是覺得千頭萬緒，不知道重點在哪裡。雖然如此，但是所有人心裡卻很明白，西洋哲學史的內容，都是人類文明發展的精華。這是許多人對於哲學感到興致盎然，卻又充滿挫折感的主要原因。

最後，這也可能是最重要的，也就是當我們閱讀每一位哲學家的時候，我們都希望哲學家們不是高高在上的聖人，而是活在我們身邊的普通人。最好在閱讀的過程中，可以感受到，哲學家的理念有其發展的背景，而他們的經歷也是很接地氣的。沒有這一層的理解，我們無法掌握哲學家的理念與我們日常生活有什麼關係？

事實上，對於專業哲學家而言，這三點其實都不是什麼真正的問題，因為哲學本來就很難，應該下功夫好好閱讀，仔細了解哲學史發展的脈絡。但是，這個說法卻忽略掉了一個重點，就是哲學太重要了，加上能夠有足夠精力，細細品味哲學的人太少了。這兩樣因素加起來，導致社會上普遍對於哲學的重視不足，而整個社會也失去，透過哲學思考而提升的機會。

為什麼哲學這麼重要，可以帶動整個社會風氣的發展呢？最主要的原因就是，科學文明的發展。科學文明是現代社會中最重要的特徵，而它的發展來自於西方歷史，尤其在西洋哲學史中，把科學的發展，不但詳實地記錄下來，還透過哲學理念不斷地向上提升，將宗教的理性，轉換成科學的文明，徹底改變了世界。這個文明使得西方世界成為世界的核心，而我們每一個人都有義務了解這個轉變的過程。

《哲學很有事》以流暢的筆法，扼要的選題，並以饒富戲劇性方式，刻畫出人類文明發展的首要重點：我們如何從宗教理性，轉向科學文明，最終是政治權利的誕生。雖然讀者可以很明顯地看得出來，作者寫作的目的，不是從學術的觀點為國人提供內容，而是從理解哲學理念的背景出發。就這一點而言，我認為《哲學很有事》達到了這個目的。

我要強調，正如同本書作者所宣稱，書中人物都是哲學史中所揀選出來的，但這些人物以及理念的介紹中，你會發現它們的真實性遠不如戲劇性，而它們的教育性大過於論理性。最重要的是，本書讓你感覺到哲學也能夠以平易近人的方式呈現出來。

我向所有想要理解哲學，卻又經常面對艱澀思想而裹足不前的國人，鄭重推薦本書。

教育現場中的一堂懸缺課程

國立臺中教育大學附設實驗國民小學社會人文資優班教師
羅佳羚

只有「神人」才能讀「哲學」？

提到「哲學」兩字，對大部分的人來說，總認為那是殿堂上的學問，一般人沒有慧根是無法駕馭的，不過哲學真的這麼難以親近嗎？我認為哲學是一種學習如何思考的學問，不管是從學校教育或家庭教育來說，我們都希望培養孩子們成為擁有獨立思考的個體。身為小學老師，在設計「兒童哲學」的課程過程中，需要閱讀非常多的書籍，再轉譯成孩子可以接受的內容，進而討論。

喂！「哲學」真的很有事！

當我收到《哲學很有事：近代哲學（上）》這本書時，我發現作者的編排非常有巧思，以一則有趣的小故事為一個章節，故事的編排總是加入了懸疑性，而這樣的鋪排正好引導孩子（甚至是大人）進入作者希望我們思考的問題。透過每一章節主角們的對話，讀者也跟著入戲，引發好奇心，一起思考主角們討論的問題，讓讀者在故事中，開始自我對話、自我觀照與省思，甚至會針對該哲學故事中的哲學家進行簡單的介紹，而這些哲學家通常是學生數學課本或自然課本中曾經提及的人物，自然更貼近孩子們的學習經驗與背景。每一則故事的布題具有層次，每一則故事間也具有層次，層層帶領讀者，進入哲學的世界。

自學時代最重要的思辨能力！

在本書中的每一個小故事後，作者會提出幾個聚焦的問題，這個部分的設計非常具有區分性，針對不同年齡層、興趣與能力的讀者，這些問題可以是簡單的自問自答，有些甚至可以引導自主性更高，且興趣程度相對濃厚的讀者進行後續的閱讀與資料的查詢，無形中也訓練了孩子自主學習的能力。在這個資訊量極大的時代，一天只要睜開眼睛，資訊自然會送到你眼前，除了如何閱讀資訊，更重要的是判斷資訊是否真實，是新世代的我們共同的課題。如同書中說的：除了要有好奇心、懷疑的心之外，更重要的是要培養自己主動求知的習慣，經過自己思考檢驗過的也就是資訊篩選的能力。而這也和十二年國教的素養導向學習中的「系統思考與解決問題」不謀而合。

我想哲學之所以給一般人留下「生硬」的刻板印象是因為轉譯的問題，本書的作者 Cibala 老師，在這本書裡，用最童趣的方式，轉譯了哲學，讓哲學不再難以親近。個人在小學資優班任教多年，嘗試設計兒童哲學的課程也已經四年多，在備課方面，總是苦無好的兒童哲學教材作為參考，很感謝三民書局出版這本書，如獲至寶，不管你是買給孩子讀，抑或自己讀，這都是一本哲學入門的好書。

導言

《哲學很有事》是我二〇一五－二〇一八在各兒童哲學課使用的教材，介紹近代哲學的哲學思想。整本書由十六篇三千字左右的小故事構成，每篇故事都以某個哲學家（或文化體）為主角，融入部分歷史，透過對話展現出哲學家的想法與理據。故事本身是虛構的，哲學家的思想卻有典可據。除了作為青少年閱讀教材之外，這本書也可以當作哲學入門的參考。

然而，在進入本書正式內容前，不免有人抱怨，「哲學」二字聽來既陌生又困難呀！對哲學陌生的讀者可能不在少數，熟悉的讀者也在猜測我會怎麼切入，以下就是筆者對此系列書的簡短介紹。

什麼是「哲學」？

哲學對一般人聽來或許陌生，其實並不難懂。哲學就是對思考中重要的抽象概念，提出不同觀點的學問。舉個例子，身處現代，大家一定都知道「科學」的重要，逃不開「科學」的影響，然而認真反省「科學到底是什麼？」就是個哲學主題。有些學派認為只有科學能幫我們擺脫錯誤與迷信，得到真確的見解；有些學派則認為科學只是為了控制自然發明的工具，本身並不特別真確。

大家或許也聽過「不自由，毋寧死」，然而「自由」到底是什麼，真有那麼重要嗎？又是另一個哲學主題。哲學關注如：「真理」、「知識」、「幸福」、「正義」、「美感」這些抽象的概念，離生活較遠，但其重要性並不因此而減。如果用房屋比喻你的思考，哲學像是整棟房屋的結構，房屋結構不像打蛋器或刀子有明確的功用，卻無時不影響居住者的生活品質。

也因為關注各種不同的觀點，哲學往往不傾向提供唯一的答案，而是將數種觀點分析陳列，對比不同的思考角度，批評其證據與合理性，思考其意義與價值，卻不強迫你一定要接受它。哲學研究思考的藝術與技術，如果想讓自己思考過程更合理與周全，增加思考的深度、靈活度與多元性，學習哲學是極富教育價值的。

本書教的是哪種哲學課？對什麼有益？

本書是哲學史課程，依歷史發展介紹哲學家與各種思想。國小五六年級以上的孩子就可以透過閱讀故事培養以下三種能力。

一、形成觀點的能力

二、自由思考的能力

三、抽象思考的能力

傳統教育喜歡談知識，不喜歡談觀點；喜歡給答案，不注意答案怎麼形成。學習中若缺乏形成觀點的過程，會讓學習缺乏趣味與效率。哲學教育與傳統教育相反，喜歡把知識當觀點，把答案當一種想法。這有助於平衡現有的知識模式，增加思考的靈活度與深度。

一般人或許認為隨意亂想就是自由，其實不然，因為我們往往被生活觀點框限，不容易鬆動思考的關節。舉個例子，大多數人認為文明進步當然是對人有益的，卻有些哲學家認為文明本身就是不好的，對人類幸福只有害處。有哲學家支持民主，也有人批評民主的弊端。透過哲學思考了解自己的觀點，了解不同的觀點，才能在思考上真正自由。

哲學喜歡討論抽象概念，能增強抽象思考，常是現代教育所缺乏的。現代教育追求精細分工，課本內容往往因執著精細而過於瑣碎，帶給學習者不少挫折。抽象能力幫助孩子在學習時有更清楚，更全面，也更深入的理解。這不但能增加學習的質，甚至能增加學習的趣味。

最後，因為本書需要邊閱讀邊思考，故事中對話需要仔細的對照與琢磨，才能跟得上相互詰辯的討論。閱讀過程也可以培養孩子邊讀邊想，耐心專心以及理性思考的習慣。

其實這些能力對所有年齡的人都有用，也就是一般所謂思考或思辨能力。哲學教育就是培養思考能力。

光讀別人的觀點，對自己的思考有用嗎？

不過說到這裡，有人不免懷疑，由於課程內容是了解哲學家的觀點，研讀別人的觀點真能有益於「自己」的思考，真能幫助「自己」形成觀點嗎？

哲學教育「教思考」，但「教思考」聽來有些矛盾，因為一個人不用教也能自己思考，而且如果他不主動思考，教也沒用。本書所謂「教思考」不是給答案、教動作甚或給出公式，而是試著「欣賞」。希望讀者能「欣賞一下」不同的思考觀點，當作未來建立自己思考的橋梁。這跟「欣賞」藝術作品一樣，創作者往往先驚嘆於他人作品的完美，再致力於自己的創作。

所以請各位先抱著欣賞的態度去理解。我希望本書的讀者能回顧一下人類思考的歷史，不用急著尋找這一課用在哪裡，那個理論可以反駁誰。培養思考不總是要勉強人提出新想法，或一定要批評社會，有時也可以欣賞前人思考的深度，擴張自己的視野。當面對新問題，豐富的視野會慢慢轉化為內在力量，更能被有效運用。

讀哲學會不會有什麼不好的影響呢？

不過因為本書試圖向年紀更輕的孩子介紹哲學，或許有人擔心哲學會不會帶給孩子壞的結果，比方說極端或反社會人格呢？

學任何東西都有可能被設想為好壞兩個極端。發揮一下想像力，我們可以想像學科學的孩子瘋狂偏執，學醫的孩子冷酷無情，學文學的孩子脆弱悲觀，學音樂的孩子恃才傲物，學體育的孩子腦袋空空。這些都是透過想像把學科汙名化的結果。

這些大多不是事實，而是流言與想像。擔心哲學帶來的極端或瘋狂，跟以上擔心一樣——缺乏事實根基，若真的有相似情況發生，常會發現這些往往是學習不夠深入的結果。剛學功夫的人愛與人爭鬥，剛接觸文學的人易多愁善感，但若受到老師正規有系統的引導，全面了解之後，這個狀況幾乎不會發生。與其讓孩子將來因偶然接觸到這些主題，受到不可知的影響，倒不如讓老師在設計好的環境中好好利用這些資源，來培養思考的能力。

後話

最後必須致歉的是，在浩瀚的經典論述中，我對任一哲學家的認識，遠不及該領域專家。我的師長、同輩與學弟妹們都能提供百倍的專業智慧，本書僅僅是入門簡介而已。

然而必須說明的是，哲學如果沒有論點的交互攻防，似乎就少了大半意義，因此我盡可能在故事中補強，有時我會加入自己的解釋或後人的見解，這並非百分之百的報導，我應承擔其責任。增加部分在故事後記中已盡量說明，但為了推廣哲學的趣味性，我認為這是必要的。

其實到目前為止，我解釋的大多是哲學對所有人的意義，而沒有「特別」點出兒童或青少年為什麼要學哲學，因為我視他們如成人。我覺得哲學思考是有趣的，有意義的，因此介紹給身邊的孩子作為禮物。我對兒童學哲學的看法就跟兒童學廚藝的看法一樣，不一定適合每個人，但接觸一下也不錯，前提是注意安全。以我的經驗，學哲學比學廚藝要安全多了。

我也不主張人人都應當念哲學，只認為能有機會接觸一點哲學思考，對個人來說是件正面的事。哲學思考能刺激各種不同角度的想法，訓練思想更深入與全面。希望本書能在哲學教育上拋磚引玉，透過哲學教育的推動來改善社會。

章節細部的介紹

哲學史終於來到十七—十八世紀，一般稱之為「近代哲學」的時期，大多數人對哲學家的印象，通常不是古希臘，就是近代哲學。近代哲學從何開始在哲學中是個爭議的主題，筆者不擬進入，只採常見看法，將笛卡兒視為近代哲學開端，故事從他開始。

近代哲學是形塑「現代世界觀」的年代，以歐洲文化為中心的現代世界觀在這個時期漸漸成形。不管是自然科學，經驗主義，天賦人權，資本主義，唯物論等都在此時期蓬勃發展。這個時代值得談的哲學太多了，因此，筆者大幅增加故事數量，希望能盡可能呈現近代哲學的完整風貌。

近代哲學主題是「知識」。相對於中世紀哲學專注於「信仰」，近代哲學多少跟知識有關。當然，「知識」兩字在不同時間點，或不同觀點下並不相同，但大致上來說，渴望掙脫無知的態度卻是相通的。近代哲學有種從沉睡中甦醒，想脫離無知與迷信的衝動。這個時代不但求知若渴，而且期望深入了解知識的本質。只有徹底了解知識，才能更有系統地得到更多，或更高品質的知識。

哲學史常將近代哲學分為兩大陣營，「理性主義」與「經驗主義」，前者認為知識源於理性思考，代表是法國笛卡兒，後者認為知識源於感覺經驗，代表是英國的洛克。兩派人馬交互批評又彼此關聯，形成思辯哲學各主題。然而在本書中，由於僅為簡介，並不刻意強調兩者的對立，只介紹兩種不同風格的思考。其實除了這兩個學派之外，值得了解的概念也很多，有興趣的讀者，可以自行找資料閱讀研究。

哲學有各種對立，因此知識肯定不是唯一主題，也有人質疑知識的重要性，比如說巴斯卡跟盧梭。霍布斯與洛克對人類社會的組織原則提出了非常重要的理論，到了十八世紀，政治相關的主題不但越來越多，也越來越有直接的影響力。十七、十八世紀的近代思潮可以說始於「知識」，而終於「政治」。突飛猛進的科學知識讓歐洲人製造出更精密的機械，再加入政治與社會效率的改善，讓整個歐洲快速地改變，更早進入「工業化的現代」。

我們很難說，工業化是哪一些想法直接的結果。但我們的確可以從許多思想家的觀點中，看到改變的腳步。不管對科學、人權、生產技術或先進教育的追求，都有思想家明確地提出觀念，並熱烈討論著。光這些部分，就是值得我們挖掘的寶藏。

了解觀念的來源，能讓你的心靈更自由。哲學是思考的藝術，是對抽象概念形成不同觀點的學問，它帶你了解各種世界觀，拉開自由思想的幅度。一個人若不了解自己，超越自己只是嘴上說說。一個人若見不到別人的好，本身往往也不怎麼樣。了解別人的優點，在自己身上培養它，是進步的捷徑。學哲學能培養你的思考，包括更清楚的思考理路，更深厚的思考底蘊，更成熟的思考內涵。而這一切都只需要你隨著思考故事，慢慢閱讀，慢慢思考，慢慢探險，就能做到。

以下是我為近代哲學準備的十六堂課目錄：

7. 衛斯理的審判
8. 磨鏡人史賓諾莎
9. 史巴克的試煉
10. 隱居者洛克
11. 斯巴達克斯
12. 惡與完美的對話
13. 牛頓與魔像
14. 柏克萊之夢
15. 休謨摔跤記趣
16. 休謨的借書之旅

故事討論了三位理性主義哲學家，三位經驗主義的哲學家，二位自然科學家，二位非兩大陣營的哲學家，以及一位重要的文人。故事長度一樣在三千字左右，文後有簡答題，網路上有選擇題，可以供老師或讀者使用。既然有十六個故事，我就廢話不多說了，直接開始吧。

哲學很有事

近代哲學（上）

Contents 目次

笛卡兒與不疑之國

人之可貴在能意識到何者不該相信。

古希臘悲劇大師　歐里庇得斯

一六一八年，地點不詳。

笛卡兒不知道自己為什麼會在這裡，他「發現」自己站在某座城市的城門前，城門上刻著「不疑之國」四個大字。

「不疑之國？」笛卡兒沒有自己為什麼會在這裡的記憶，但周圍景物一清二楚，感覺自己並不是在作夢。

門口衛兵走過來，對他說：「手續已經辦好了，您可以進城了。」

笛卡兒道：「我？我要進城？」

衛兵道：「是的，請放心，本國歡迎旅行者。」

笛卡兒道：「旅行者？我是旅行者？」

衛兵道：「先生您怎麼傻了一般，您是要參觀本國的旅行者，剛剛還辦了入城手續。這裡是永不懷疑任何人的不疑之國。」

笛卡兒依然想不起來自己為什麼在這，心裡卻有股進城看看的衝動。

笛卡兒道：「永不懷疑任何人？包括我嗎？」

衛兵回道：「當然包括您，也請您盡量不要懷疑我們所說的話，我們將以善良與真實款待您。」

笛卡兒帶著滿腹的疑問入了城，才剛入城就有位外交專員向他攀談，說願免費領他參觀遊歷，介紹當地風俗歷史。笛卡兒欣然接受。

專員道：「歡迎來到自給自足的城邦國家，不疑之國。這裡的風俗是從來不懷疑任何人所說的話。」

笛卡兒道：「那是什麼意思？」

專員道：「就是字面意思，任何人說的任何話語我們都不加懷疑。在本國，你可以拒絕別人的要求，卻不能懷疑任何人話語的真實性。」

笛卡兒道：「不懷疑任何人話語的真實性？這怎麼可能？」

專員道：「你這後半句話便是在質疑我所說的真實性了。在此，懷疑別人的話是非常不禮貌的。」

笛卡兒道：「不禮貌？能請問一下這特殊風俗的原因嗎？」

專員道：「其實『追問原因』也算『懷疑』的一種，不過既然你剛到此，我就忍受一下無禮吧！這個城曾是大國附庸，在當時就流傳著絕對不懷疑宗主國的習慣，後來宗主國滅了，此城卻留存了下來，風俗便一直保存至今。」

笛卡兒道：「可是假如對方明顯說謊，或說的話包含明顯的錯誤，你們也絕不懷疑嗎？」

專員道：「當然，你這段發言也太自我中心了，為什麼要去假定別人說謊或說錯呢？這代表你心中充滿偏見，偏見才會讓人覺得別人說謊或有錯，但真正錯的往往是自己。人類是社會的動物，聆聽與接受才是正道。」

兩人邊走邊聊之間，剛好經過一群小孩兒身邊。孩子們唱著歌，七嘴八舌討論著生活趣事。

專員道：「你想想看，假設你有了小孩，他卻一天到晚懷疑你的想法，你要怎麼才能教育他呢？」

笛卡兒認真思考，覺得教育跟懷疑並不衝突，他還在考慮怎麼說，卻有個事件打斷了他。路邊小攤上，有人當著他們的面，偷了一袋貨物後轉身就跑。不過沒多遠，就被巡邏的士兵攔下。

士兵道：「你！為何匆忙奔跑？」

犯人道：「我？我急著要把買的東西送回家！」

士兵道：「好！那你可以走了，小心別撞到人。」說完後士兵讓犯人離開了。

笛卡兒對專員道：「我不敢相信士兵居然放他走，這是很常見的事嗎？」

專員道：「這很常見，標準應對所有人一視同仁。我們對任何人說的話，都不加懷疑。」

笛卡兒道：「萬一兩人說法有衝突怎麼辦？店老闆可能會來指認這人偷東西，但犯人卻會說沒有。如果不懷疑任何人的說法，怎麼解決？」

專員道：「我國處理方式是依照順序，先說的一方會被接受為事實。」

笛卡兒道：「可是先說的不見得是事實啊！在剛剛的例子裡，你我都知道不是嗎？」

專員道：「這個例子或許如此，但仍有很多真假難分的例子，其中先說者是對的，占一半以上。為了小事懷疑彼此，不見得能求到真實的結果，卻先傷了彼此的和氣，這才是不值得鼓勵的。」

談話之間，兩人來到公園，眾人圍在一名被馬車撞擊的傷者身旁，一位自稱醫生的人上前查看。笛卡兒恰好也懂醫學，便上前觀望。

醫生查看後對傷者說：「只是皮肉傷，買點外傷的藥就好。」

傷者道謝後站起身，立刻痛得大叫，笛卡兒一眼就看出這人摔斷了骨頭。

醫生道：「別叫了，只是皮肉傷，擦完藥就沒事了。」

笛卡兒忍不住對傷者道：「你是不是一站起來，就痛得不得了？」

傷者道：「是的。」

笛卡兒對那位「醫生」道：「光站起來就會痛不可能是皮肉傷！他一定摔斷了骨頭。」說完這話，笛卡兒卻發現氣氛突然變了，包括傷者在內所有人，都怒氣沖沖瞪著他。

醫生大聲道：「你是哪裡來的人？怎麼會說出如此無禮的話？」

笛卡兒道：「無禮？」

「對不起！對不起！」專員解釋賠罪，並試圖拉開笛卡兒。

醫生怒道：「我做這一行這麼久，還沒有遇過人懷疑我的判斷。」

笛卡兒也大聲道：「那又怎麼樣？不被懷疑或挑戰，又不代表你是對的，而且我想你已經忘記怎麼承認錯誤了吧？不願承認錯誤，又不曾懷疑自己，怎麼可能進步？」

專員連拖帶拉，終於把笛卡兒帶走，他道：「我不是跟你說過了嗎？在這裡絕對不可懷疑，更何況你還『否定』別人說的話！」

「那是因為他說的是錯的。」

「先生，你太過分了。我們的國家絕對禁止這樣的行為。」

笛卡兒回道：「這實在太荒謬了，對所有人說的話都不加懷疑，只會讓自己永遠停在錯誤與混亂之中。」

專員皺起眉頭，回道：「你的意思是，你從不相信別人說的話囉？」

笛卡兒道：「我並沒有『從不相信』，而只是『懷疑』。『懷疑』不等於『不相信』，我所謂『懷疑』是經過自己認真思考與檢驗之後，再選擇是否相信。」

專員回道：「可是這樣一來，被你懷疑的人，豈不會因被懷疑而非常不悅？」

笛卡兒道：「我並不是針對『個人』懷疑，而是懷疑『想法』或『話語』的真實性。任何人的判斷都有可能出錯，包括我自己，我也常懷疑自己的判斷。」笛卡兒激動地道：「但重點是，經過懷疑檢驗之後，才有辦法遠離錯誤與謬見，發現真理，解決衝突。另外，真正的教育也該建立在對真理的追求上，才能掙脫無知。你所謂的教育，只是把既存的想法加諸於孩子的身上罷了。」

兩人一邊說，一邊來到了市政廣場。突然有個高瘦的男子擋住兩人，指著笛卡兒道：「就是他，就是這個人。」

笛卡兒一臉驚訝地回道：「什麼？」

高瘦男子指著笛卡兒道：「你是敵國派過來的間諜。」

笛卡兒回道：「不是。我根本不知道你說的敵國是什麼。」

高瘦男子回道：「無風不起浪，已經有人指控你了。他剛剛還在竊聽，快把他抓起來。」

專員想要說笛卡兒剛剛跟他在一起，但又想到自己不該否定跟懷疑別人，所以停了下來。

笛卡兒開始一步步後退。

高瘦男子笑道：「你現在否認也沒用了，我們已經認定你是間諜了。你最好乖乖束手就擒，承認自己的罪行還可以減輕處罰。」

笛卡兒知道逃不過這麼多人圍捕，回道：「既然你這麼說，我只好說了。」他指著高瘦的帶頭男人，然後道：「其實你也是間諜。」

「什麼？」那男人睜大了眼睛，周圍的人則是目不轉睛地瞪著他，不知道該怎麼進行下一步。

笛卡兒道：「我並沒有否認自己是間諜，我是說他也是間諜，我是間諜所以我知道誰是間諜。無風不起浪，你們只要查查他每天回家後的行程，就能發現我說的有道理。」

追捕的人突然面面相覷，竊竊私語了起來。不過當中，還是有人繼續向笛卡兒走去。

笛卡兒指著那人道：「還有你，你也是間諜。」

那人停頓了一下之後，發現他不能當眾反駁這樣的指控，轉身便跑。其他人依舊愣在原地。

高瘦男人喊道：「我們千萬不能動搖，這裡肯定沒有其他間諜。X過去把他抓起來。」

名為X的男人聽令走向笛卡兒，笛卡兒喊道：「我看到遠方你家裡失火了，還不快回去救。」

男人急急忙忙回頭就跑。這群人在自己思維方式的影響下，竟拿笛卡兒沒有辦法。

笛卡兒憑著隨口謊言逃到了城門口，打算直接離開。不清楚狀況的衛兵還興致勃勃地問他道：「旅行者，我們的國家是不是你見到說最多真話的國家？」

笛卡兒回道：「我在你的國家聽見的真話跟假話和其他地方一樣多，只是你們都不加懷疑，視之為真話。也因此……」

衛兵問道：「也因此什麼？」

「也因此，這個地方是我見過最愚蠢的國家。」

笛卡兒突然感受到一陣涼意，從夢中醒了過來，雖然他感覺不是夢，原來不是夢的感覺也不可信任。不過他從這場似真非真的夢中，學到了許多。

笛卡兒後來以懷疑的精神聞名，成了重要的哲學家與數學家。

Cibala 老師碎碎念

勒內・笛卡兒(Rene Descartes, 1596.3.31–1650.2.11)，近代法國著名數學家、哲學家。被譽為「解析幾何之父」、「近代哲學之父」。笛卡兒的哲學又被稱為理性主義，與英國經驗主義的哲學半分天下，各執一方。

笛卡兒認為理性尋求確定性，對想法與說法抱持懷疑，以理性仔細查證，才能避開錯誤與混亂。他的懷疑，不是消極地否定知識，而是為了追求知識。笛卡兒啟發人們更信服於理性與知識，西方也自此開始進入自然科學的黃金時代。

在日常生活中，時時反省自己想法的原因與理由，能培養更清晰有條的思考。懷疑態度並不是只能用在科學研究上，法庭上的質疑也是為了尋找真相，釐清責任。如果對任何說法都深信不疑，那麼在有爭執的地方，就會陷入混亂。

下一個故事還是笛卡兒，他在下個故事裡會提出更有系統的思考方法。

哲學很有事，你也來試試

☆不疑之國的特色是什麼？

☆不疑之國如何處理衝突的狀況？

☆專員說笛卡兒從不相信任何人，笛卡兒怎麼回答他？

☆專員說笛卡兒懷疑別人會讓別人不悅，笛卡兒怎麼回答他？

☆笛卡兒的懷疑是為了追求知識，還是為了放棄知識？

☆承前，你覺得這樣的態度合理嗎？

☆你覺得教育與懷疑會衝突嗎？會或不會的理由是什麼？笛卡兒認為真正的教育應該怎樣？

笛卡兒的最後一堂課

活著就意味著思考。

古羅馬政治家　西塞羅

一六四九年，斯德哥爾摩。

笛卡兒走進圖書室，瑞典公主克莉絲汀已經在等候老師，清晨四點半，冷空氣中彷彿懸浮著千萬冰晶微粒，讓人肺都疼起來。一吸氣，笛卡兒立刻覺得胸口不太舒服，他盡可能小口呼吸以控制不適。

「老師早！」公主主動向老師打了個招呼，對皇室來說，這是十分親密的舉動。

「您早！公主殿下。」老師出口的話語幻化為白色冰霧。

吐完這幾個字後，笛卡兒突然咳了起來。出身法國的他，實在很不習慣北歐的冷冽空氣。他咳聲越來越大，彷彿止不住般，公主擔憂起來，但皇家禮儀讓她無法直接表現關心，她只能靜靜等笛卡兒整理好，並示意僕人將圖書室的壁爐柴火添得更旺些。

咳嗽的笛卡兒在長桌前坐下，伸出晃動的手，端起桌上一杯熱茶，將鼻子湊近水杯深吸了一口氣，再喝了一口茶，這是用紫蘇、甘草、馬鞭草混合的草藥茶。熱水的溫度讓他稍稍好轉，笛卡兒將鼻子靠近水杯再次深呼吸，感覺又舒服了些。

「好多了。」笛卡兒對公主微笑道：「讓您久等了，開始上課吧！」

「沒關係，我可以等一下的。」公主回道，臉上有擔憂的神色。

「沒問題了。」笛卡兒微笑，彷彿收到了關心。他清清喉嚨，以平穩的音調開始道：「今天的主題是解析幾何……」

「你們可以走了！」

公主抬起頭來，對侍衛與侍從們揮手道：「都出去。有其他人在我不能專心上課。」

侍從們立刻行禮退場，但兩名侍衛仍直挺挺站著不動。

「沒聽見我說話嗎？」公主提高了音量。

「公主殿下，我們有聽見，但無法離開。國王叮囑要注意您的安全，所以……」侍衛長面有難色道。

「但不能影響我的生活。」公主眉頭緊蹙，雙手輕輕握拳。

「可是……」

公主怒道：「在這房間裡到底該誰聽誰的？」

笛卡兒道：「想一想總會有更好的辦法。」他望了一眼窗外，說道：「你們擔心有人想綁架公主的傳言，但我有更好的主意。」笛卡兒對侍衛長道：「侍衛長你學過跟戰爭有關的事情，不是嗎？」

「的確學過。」侍衛長點頭答道。

「如果我請你防守圖書館，你會讓全部的人守在這房間嗎？」

「當然不會全擠在房間裡。」侍衛長突然被問有些愣住。他無法預測笛卡兒會說什麼，所以不敢繼續往下說。

「聰明如你會注意到兩個重地，第一，能看清整間圖書館的瞭望點。第二，出入口。」他走到窗邊，指著對面鐘樓的房間，對侍衛長道：「從對面鐘樓往這邊監視，不但能把房間看得一清二楚，還可以注意圖書館四周是否有人接近。兩名士兵守住入口，就能控制整間圖書館。」

「可是這邊離入口還是有一段距離。」侍衛長答道。

「是的，三十公尺的距離。你知道過來要多久嗎？跑步步幅大概是走路的三分之四，以你們身高計算出的步幅約一百公分。每秒至少可以跑三步，也就是三百公分，所以從門口跑過來的時間會是十秒。不夠快嗎？」

「可是……」

「這個時間不但不長，更重要的是占據了有利位置。對面鐘樓只要爬上一個弩手，一秒就能射穿房間裡的任何一個人。你可以過來看看是否真如我所言。」

侍衛長過來查看，的確如笛卡兒所言。

「我知道你們會以生命保護公主，但這並不與動腦思考衝突。從對面鐘樓監視與發號施令，絕對是明智而且安全的做法。」

侍衛長靜下心來想了一下，也認為這想法更明智。

「我知道了。」侍衛長帶著侍衛退席，各自就警戒位置。

笛卡兒再次開場道：「今天的課是解析幾何……」

「老師！」公主打斷他，這不尋常，她平常不會這樣。

「嗯？」笛卡兒坐正身子，看著她。

「你知道你要走了嗎？」公主音調低了幾度。

「有聽說。」笛卡兒放下筆，這是個嚴肅的話題。

「父王要你走，我沒辦法留你下來，我很希望你留下來。」公主看著窗外道。

「多謝公主殿下的鼓勵。」

「請叫我克莉絲汀。每天公主來殿下去，都膩了。」

「謝謝你，克莉絲汀。我只是希望能帶給你些有趣的課程。解析幾何有趣嗎？」

「有趣，解析幾何當然有趣！但老師你要走了，我卻還想多了解你的思考。」

「我的思考？」

「是的，展現在理解與判斷的思考，老師的發言常讓我驚艷。」

「感謝您的欣賞。很少人了解說出的話語不只出於嘴巴，也需要思考。有些人說我只是能言善道。」

「我不是那類人，我知道真正的話語需要思考。」公主回道。

笛卡兒道：「是的，會這樣說的人剛好說明了，他們通常不怎麼思考。」

公主露出羨慕的眼神道：「老師的思考讓我羨慕，就好像靈魂長了翅膀一樣，可以飛上飛下，對事物有全面的認識，又能做出睿智的判斷。對您來說，似乎一切虛偽都是顯露的；一切困惑都有方向。我很羨慕這點，思考能力也能學習嗎？」

「雖然我可能不到那種程度，不過對於思考，我的確比一般人更擅長些。而且關於思考這件事，並不是沒有訣竅的。」笛卡兒道。

「所以真有提升思考能力的訣竅？」

「以我的知識範圍之內，思考是有一些基本原則的，或許就是您說的訣竅。」

「真的？」克莉絲汀表現出感興趣的樣子。

「思考有四條基本原則。只要持續提醒自己遵守原則，就能與我具有相同的思考能力。」

「聽來真神奇。老師，我有機會了解這四條原則嗎？」

笛卡兒微笑道：「以您的智慧，輕而易舉。」

「那請解釋給我聽。」公主坐正，展現出專心的樣子。

笛卡兒露出自信的笑容，開始道：「原則一，懷疑一切，凡是我沒有清楚認識到的想法，我絕不把它當成是真的。不管它來自於經驗、書籍、權威或任何來源。所有的想法，只有對我自己來說，清晰到沒有一點錯誤可以隱藏，才承認它是真的。」

「懷疑一切？」

「是的。但同時也求知若渴，用探求真理的角度去懷疑，不畏任何的權威。」

「可以舉個實際的例子嗎？」

「舉個例子。『地球是平的』或『太陽繞地球運行』這些學說，在許多的地方被許多有智之士視為毋須懷疑的必然之理，卻被天文學發現是不正確的。亞里斯多德深信算數與幾何是不同的學科，後繼者也視為理所當然。但從解析幾何來看這也不對。在每個時代與國家，都會有飽讀詩書之士，盲信荒謬滑稽的歪理。所以對所有想法，我們都該給予嚴格懷疑的檢驗。」

「所以這條原則的意思是，不相信任何其他人的看法？」

「不對，我不是這個意思。我說的是不要盲信，不要不經檢驗地相信，而不是不要『相信』。雖然是別人說的，但卻經過自己的思考檢驗過，那就有理由相信。舉個例子，假定今天公主發明了解析幾何，當您將這些公理展示給我看時，我發現當中沒有任何的錯誤。這時接受您的看法仍然是遵循原則一。」

「所以重要的其實不是是誰發明的，而是我有沒有透過理性思考去檢驗它。徹底地懷疑，再用理性檢驗。」

「沒錯。」

「那我了解了。請解說原則二。」

「原則二，當面對難題時，要把難題拆成一個個小的部分，以便一一思考與解決。」

「聽來合理。」

「這原則很簡單沒錯，不過我還是舉個例子。蓋間好學校是個難題，很難一次解決，所以我們會試著……」

公主突然打斷他的話道：「讓我來說，所以我們會把好學校分成好的老師跟好的校園，再想辦法一一解決，對不對？」她已經開始主動思考，享受思考的樂趣。

「沒錯，甚至好的老師我們也會分成幾個不同的科目，再慢慢尋找。理性思考會將複雜的事物分解為許多簡單的部分，再加以解決。」

「原則二好合理，好簡單。」

「既然理解沒有問題，我們進到原則三。原則三是思考時要按先後次序，從最簡單容易了解的想法開始，一點一點逐步組合，慢慢達到最複雜的問題。」

「你的意思是，像將船隻的船頭、船體、桅竿之類，結合成船隻？」

「例子沒錯，但這是具體事物的組合，原則三說的是思考元素的組合。比方說我們在幾何證明時，會把幾個小定理依次結合起來，推出更複雜的定理。或者閱讀時我們從一些簡單句子開始了解，依序組合推敲一篇文章或作品的意思。」

「所以原則二像是分析一樣拆解，而原則三卻像是把東西裝回去的組合，這樣嗎？」

「是的，您學得很快。」

「謝謝老師，那最後一點呢？」

「最後一點更簡單，那就是在任何的情況下，都要盡可能全面地考察問題，反覆驗證，確認毫無疏漏為止。」

「舉個例子？」

「如果，我說鑽石是一切事物中最硬的東西，我所指的是目前我們所發現的事物中它是最硬的。但是我們對世界的理解越來越多，將來也許會發現比鑽石更硬的東西。」

「是的，的確可能有新的發現。」

「所以有時追求真理需要的不是一時的才智與聰明，而是反覆不斷的驗證。」

「我了解了。」

「是的，您已經了解了這四個原則：懷疑、分析、綜合以及反覆查驗。謹記這四者，真理之門將為您而開。」

碰的一聲！真理之門還沒開，圖書室的門倒是開了。門板砸在牆壁上發出巨響，有著雪白鬍子的男人大力推開門，男人頭上的瑞典皇冠說明了他的身分。

「克莉絲汀！」國王古斯塔夫二世對克莉絲汀大吼道：「我不是說過了嗎？你的數學課已經結束了。」國王不滿地大力揮手怒道：「結束了。」

「是的，父親，結束了。」克莉絲汀對父親說道：「我只是向笛卡兒老師道別，並請教一些智慧。」

「智慧？」國王冷冷地道：「我們皇室需要平民的智慧嗎？」

公主直視著國王的眼睛，用一種堅定的語氣道：「是思考方法的智慧，我認為我們不管身為國王，或身為百姓，只要是會思考的人，都有機會用得到。」她的眼神發亮，像是能穿透古斯塔夫二世的心一樣。

古斯塔夫二世突然不知道該回些什麼，他只好大吼道：「把公主帶走。」

最後一堂課之後，笛卡兒沒有再見到公主。時勢把他們分離，沒有重逢的機會。一六五〇年的二月一日，笛卡兒死於肺炎，享年五十四歲。

Cibala 老師碎碎念

本篇故事改編自笛卡兒的浪漫軼聞，笛卡兒於一五四九年間的確有當瑞典女王克莉絲汀的數學老師，不過當時克莉絲汀已經登基為女王，因此此軼聞不可信。但故事中四個思考原則出自於笛卡兒一六三七年出版的《方法導論》一書。

笛卡兒聞名的「普遍懷疑」的主張，其實就是原則一，懷疑精神對推翻中世紀的傳統思維，發展科學精神有很大的助益。徹底檢查知識的合理性之後，笛卡兒認為知識有個牢靠的出發點：「我的思想的存在」，這是他有名的格言「我思故我在」(Cogito, ergo sum) 的由來。這個主張突出了知識中的主體的重要性，也是知識問題上相當樂觀的想法。

除了數學與哲學，笛卡兒對物理學、光學、心理學乃至於神學論證都有許多重要的洞見。他終身未婚，或許這是後世為他留下一些浪漫故事的主因。

哲學很有事，你也來試試

☆笛卡兒說的思考的原則一是什麼？

☆承第一題，這條規則的意思等於不要相信任何人嗎？

☆笛卡兒說的思考的原則二是什麼？

☆笛卡兒說的思考的原則三是什麼？

☆笛卡兒說的思考的原則四是什麼？

☆笛卡兒很樂觀地認為，凡事只要用理性多想想，一定會有更好的答案，你同意這種樂觀的看法嗎？為什麼？

☆你覺得笛卡兒列出的原則有沒有錯誤，或有沒有不必要的。另外，你覺得他有沒有遺漏什麼重要的原則沒說？

伽利略的寶藏

數統治著宇宙。

數學家　畢達哥拉斯

一六五〇年，義大利托斯卡納附近的郊區。

夜半無人，兩個一高一矮，一副法外之徒打扮的男子並排而坐，駕著馬車在大路上前進。這個時代的治安不太好，夜半敢出來走動的，不是厲害的打手，就是壞人本身了。

「老大，你說我們要去哪？」矮個子說話的聲音跟態度就像小弟。

「我們要去找伽利略的寶藏。」高個兒說話明顯有老大的氣勢。老大道：「我們這次可不是小賊，而是大盜，我等了好久。」

「怎麼說？老大，我一切都聽你吩咐。」

「我們這次去不是偷財寶，而是偷獲得財寶的方法。」

「我腦子不太好，那到底是什麼意思？」

「我們要去偷一個天才的遺物，我得到可靠的消息，天才伽利略的遺物裡，有個能改變世界的訊息。我敢百分之百保證，那一定是煉金術的配方。」

「煉金術的配方？」小弟驚呼：「煉金術是什麼東西？」

「你怎麼連這都不知道？」老大道：「煉金術就是試著把其他金屬透過合成，製成黃金的技術啊！」

「怎麼會有這種技術啊？這太神了吧！」

「這個世界這麼大，有這種技術也是理所當然。」

「可是老大，我有個疑問，要是全部的金屬都變成了黃金，那剩下沒變的金屬不就反而更貴重了嗎？」

「唉呦，你不要變得那麼快就好了。而且煉金術不只想鍊出黃金。還可以鍊出能治百病的萬靈藥，甚至長生不老藥。」

「這真是太棒了，如果有這些藥，我們就可以拿這些藥來換更多的黃金。」

「你是笨蛋嗎？黃金我們自己做不就有了嗎？那些藥我們當然是留著自己用啊！」

「對對對，老大你真是太聰明了。」

「不然我怎麼做老大呢？」

「等等，老大我有個問題，你說我們要偷的是伽利略的遺物，對嗎？」

「對啊！」

「他什麼時候死的？」

「八年前吧！」

「可是如果這個人已經死了，那不是代表他沒有萬靈藥或長生不老藥嗎？」

「這你就不知道了。伽利略因為得罪了教會，死前這段日子一直被教會軟禁著，每週還得罰抄經文，他沒有辦法做這些東西。要是他有辦法做，他一定能做出來的。」

「老大，不是我懷疑，我還是想問你到底是怎麼知道的？」

「一個商人，他說多年前伽利略從他那邊買了大量的煉金用的器材，並且不斷自言自語道『快完成了，這是我思想的結晶』。」

「光是這樣子嗎？」

「這你不懂，伽利略絕對是你出生以來遇過最聰明，最有創造力的人。不只一個人這樣說過，這是所有認識他的人共有的意見。即便他還沒做出那個藥劑，也一定掌握到製作藥劑的關鍵，我們把這些偷出來，不出兩年一定會成功。」

「老大，你說得對，你真是太聰明了。」

「那還用說。另外，這次偷竊是零風險，因為我事先得到情報，房子的主人，也就是伽利略的兒子已經外出旅行了，我們可以慢慢找，細細搜，肯定能找到他的筆記。」

兩人說話之間，已經來到目標所在地。在無人看守的情況下，兩人輕易地打開了大門，並順利找到了閣樓上囤放伽利略遺物的書房。

「老大，這裡看來很久沒人來了。」小弟看著滿是灰塵的房間道。

「是的，教會之前一直派人看守這些遺物，他們怕其中有異端思想。也因為他們對思想的顧忌多過於對財寶的興趣，煉金術的筆記肯定還在。」

小弟看著滿是灰塵的架子，發現了一個有兩片圓玻璃的奇妙物品。

「這是什麼？老大。」小弟拿起這物品道。

「這也是值錢的東西。」老大道：「你不懂，這叫望遠鏡，可以把遠處物的影像放大。據說，伽利略還用這東西去觀察月球，這傢伙做的望遠鏡好到一個不可思議的程度。價錢肯定是同類物品的幾十倍，把這玩意收進袋子裡。」

「好的。」小弟拿出黑色贓物袋，把望遠鏡小心地收進裡面。

他們又開始在房間裡東翻西找。

「老大，這又是什麼？」小弟拿起一個兩根木條並排，末端釘在一起，上面還連有一根尖刺的東西。

「這個嗎？」老大拿起這物，端詳了半天，然後道：「我只聽過這東西，還沒見過實物。我猜是工程用的畫圓器具，也是他親手改良過的，也能賣，一樣可以收起來。」

「好的，老大。我們要找筆記類的，對嗎？」

「是的，看起來越珍貴，藏匿地越隱密的筆記，越有可能。」

兩人熟練地在伽利略的遺物中翻找，可能是盜賊習性使然，兩人雖然翻查但輕手輕腳，一件物品也不願意弄壞。

「這張圖是？」小弟又找到一張被細心收藏在鐵桶中的鉛筆素描圖，中央畫著一個大型球體，周圍有許多小型的球體，小型球體上還拉出一條線圍繞著大球，好像一個圓形的軌道。

「這又是什麼？」

「這個？」老大湊近看了看，忙道：「這是日心說的示意圖！」他趕忙找了找，發現右下角有伽利略的簽名。

「日心說？」

「這你都沒聽過？依照住在地球上的我們所見，包含太陽在內所有的星球都繞著地球轉動。但哥白尼提出天體的運動來自於地球本身的旋轉，是地球繞著太陽旋轉，而不是太陽繞著地球旋轉。伽利略也贊同這種說法。」

「老大！你說什麼？」

「這你不懂啦！這是一種跟《聖經》的世界觀不一樣的學說。已經有人因為這個學說而被害死了。伽利略也因為支持這個學說被軟禁。」

「那這張圖是不是很不祥？」

「我想教會最在意的應該是這個。把這張圖收好，不要碰它，它賺不了什麼錢，只會害我們被教會盯上。」

兩人終於在伽利略的書桌上鎖的抽屜裡，找到一本被珍藏的筆記。

小弟道：「老大，看來是這個了。」

老大道：「是的，煉金術的秘密一定在裡面。我們一起翻開吧！」

倆人小心地將筆記本翻開，發現裡面整整齊齊寫著：

我是伽利略，畢生致力於研究自然世界。我發現並不是所有的天體都繞行地球，通過望遠鏡我親眼觀察到三顆星繞行著木星。我還發現月球不是一個完美勻靜，如珍珠般的純淨球體。而是有著山脈盆地，如地球一般的岩石行星。我發現單擺頻率平方與擺長成正比，跟擺錘的質量與擺角無關。我發現物體不受外力時，會保持自身的靜止或運動。

以上發現在第一眼看來並不合理，但透過反覆的觀察與實驗，就能確定其真實。以下三項原則，是我一生『思考的結晶』。

1.在研究自然事物時，不要輕信任何的權威與傳統，觀察與實驗才是最後的裁判。

2.在研究自然事物時，不能只靠人的感官知覺，應善用儀器與工具，讓觀測更精密。

3.數學不只是用來丈量靜物而已，自然界的運動變化都存在著數學的規律，大自然是上帝用數學寫成的書。

謹記這三原則，有一天你將能理解全宇宙。

「這原則我不知道重不重要，可是老大，這根本沒有提到煉金術啊！」

「這也出乎我的意料，會不會，這是用密語寫成的？」

「就算這是用密語寫成的，我們有能力去解開嗎？」

老大一時也答不出話來。

兩人搜刮遺物之後，將這些物品賣入黑市。這一起出於貪心的犯罪，竟因此讓伽利略的遺物流傳到世上，促成了後來的科學革命。

Cibala 老師碎碎念

伽利略・伽利萊 (Galileo Galilei, 1564.2.15–1642.1.8)，義大利物理學家、數學家、天文學家及哲學家，科學革命的關鍵人物。伽利略以實驗證明，受引力的物體並非呈等速運動，而是呈加速度運動；物體只要不受到外力的作用，就會保持其原來的靜止狀態或等速運動狀態不變。伽利略被譽為「天文學之父」、「物理學之父」、「科學之父」及「現代科學之父」。

和布魯諾一樣，伽利略捍衛日心說，卻認為日心說與《聖經》並不衝突。他採取奧古斯丁的立場，認為不能只以字面解釋經文。他相信經文作者僅僅是從自己的角度來觀察世界，這只是寫作的習慣，不是描述事實，《聖經》並沒有斷言地球是絕對不動的宇宙中心。

一六一六年時，反對哥白尼學派的聲浪成為教會的既定政策，伽利略因與之相關而被軟禁，直至其病逝。本故事提到了伽利略幾個重要發現：單擺定律、木星的衛星等，強調伽利略以儀器與實驗替代常識觀察，熱衷尋找自然變化的數學規律。了解物體運動規律是設計更精密機械的先決要件，從此歐洲開始累積自然科學的研究，率先走上了近代化的道路。

哲學很有事，你也來試試

- ☆什麼是「煉金術」？
- ☆伽利略為何被軟禁？
- ☆簡述伽利略從發現中推導出的三個重要原則。
- ☆閱讀後記，伽利略如何解釋《聖經》與科學並不矛盾？
- ☆伽利略認為大自然是上帝用數學寫成的書，你同意這個看法嗎？為什麼？

霍布斯與達太安

政府乃必要之惡。

美國政治家　托馬斯·潘恩

一六五一年，法國巴黎。

巴黎一棟小房子裡，霍布斯在屋內焦急等待。可靠消息指出，保皇派對他的新書《利維坦》極為不滿，已雇請殺手來取他性命。

儘管新書讓霍布斯博得了名聲，他卻不想因此失去自己的性命。今晚朋友囑託的護衛會來送他上船，霍布斯在屋內來回踱步，煩躁不安。

碰！碰！碰！

「霍布斯先生！開門！我們是接應的人。」

「來了！來了！」因為太緊張，霍布斯忘了先問暗號。他打開門，兩個披著斗篷，一副法外之人打扮的男子站在門前。霍布斯門才開到一半，男子就直接動腳打算踢開木門。

不過對方估計有誤，霍布斯雖是個性溫和的文人，卻是健身愛好者。他小時候體弱多病，後來因苦練健身而變得強壯。木門被健壯的身體擋住，男子彈開後，跌坐在地上。霍布斯有了警覺，立即關門，另一人拔劍想強行闖入，卻被霍布斯迅速關上的門夾住手臂，劍反而落在屋內地上。他急忙收手，霍布斯一邊撿劍，一邊將門關上拴牢。

初次入侵不利，兩人分頭尋找入口。其中一人拾起石頭打破一面窗，攀上窗框。霍布斯畢竟是平民，就算看見對方爬窗，也不敢持劍主動攻擊。

匪徒一手攀窗，另一手掏出十字弓，冷笑道：「你逃不掉的。」

碰！

火槍擊發聲傳來，窗上匪徒小腿中彈，失去平衡跌落屋外，疼痛讓他無法起身。屋旁出現一個頭戴大禮帽，腳著長靴，手拿長筒火槍的男人。男人擱下火槍，拔出長劍。另一匪徒急忙掏出十字弓，正想射擊，未料男子動作快如閃電，一閃身已經持劍抵住他胸口。

「扔掉！」男子道。匪徒無奈將十字弓扔開。男子往匪徒腹部一記重踢，鋼頭鞋讓對方跪倒在地上。

「兩位從我手上帶不走人的，回去跟老大說。」火槍手摘下大禮帽，露出英俊無比的臉龐道：「知道我是誰了吧？」

「是達太安！」匪徒喊道，中槍者仍在哀嚎。

「知道還不快走？」達太安沒有為難他們，兩匪徒相互攙扶地離開了。

「您好，初次見面，我叫達太安。」達太安向霍布斯行禮，他是個十足的紳士。

「我是霍布斯。」霍布斯過於緊張，不過這也無可厚非。

「霍布斯先生，久仰大名。匪徒已經被趕跑，我猜您可能忘記要問暗號了。」

「的確如此。」霍布斯一副魂不守舍的樣子。

「您還不問我暗號嗎？」

「對不起，請問暗號是？」

「我為人人，人人為我。」

「所以真的是您了。」

「最佳人選。」達太安對霍布斯眨眼道：「您的處境十分危險，但別擔心，達太安護送一定達成使命。」他轉身大叫：「布朗歇！」

達太安的僕人布朗歇駕著馬車，自轉角疾馳而來，馬車外型簡單，上面有許多打鬥痕跡。

「上車吧！霍布斯先生！」

搭上馬車後，霍布斯總算鬆了一口氣。達太安看來是個武藝高強又經驗豐富的護衛。或許因過於緊張，加上前晚失眠，霍布斯在馬車上沉沉睡去。睡夢中他彷彿聽見打鬥聲，眼皮卻完全睜不開。

「霍布斯先生，您醒了。」達太安微笑道，一派輕鬆樣。

「我睡了很久嗎？」

「不到四小時，我們已經離開巴黎了。」

「一路都沒事發生？」

「沒事，只是下車解決了兩個騎馬的追兵。」

「真的太感謝您了。」除了道謝，霍布斯不知道該說什麼，這是他第一次被人追殺與解救，只好問道：「那您要不要休息一下？」

「不可能，護衛在沒達成任務之前是不會休息的。」

「喔！」霍布斯覺得尷尬，眼睛不知往哪裡擺。

貼心的達太安道：「霍布斯先生，不用緊張我們來聊天吧！我也想了解一位學者為什麼會被這麼多人追殺。」

霍布斯道：「因為我寫了《利維坦》這本書。」

「一本書？」

「是的，一本表達我對國家看法的書。」

「居然為了您的看法而追殺您？這我難以理解。」

「我也是。他可以不贊同我的看法，但不需要殺我滅口。」

「實在是太讓人好奇了，到達目的地的時間還很久。您願意向我這粗人解釋一下書的內容嗎？不管我聽到什麼樣的想法，我都會絕對尊重。」

「不！不！不！我絕不會擔心您的，我很感激您救我脫離危險。而且我認為《利維坦》所說僅僅是簡單的事實，並非誑世妄言。」霍布斯眼中的光芒開始恢復。

「那請囉！」達太安道。

「《利維坦》主題是國家的起源。關於國家的起源，過去有種說法是國家權力由神明賦予，君權來自於神授。不管在古代或中世紀，神明與國家都有種特別的聯繫。雖然國家興盛與衰亡，歷史上都找得到各種原因，但還是有人願意相信這種解釋。」

「是的。」

「《利維坦》認為解釋國家的起源不用涉及超自然的神明，就好像說明四季變化不需要超自然的神明一樣。國家是自然的產物，國家是一種『社會約定』。」

「『社會約定』是什麼意思？」

「就是字面的意思。舉些例子，我們可以約定問候的手勢，晚飯時間，參加組織信物，或規定夜晚馬車一定要在車伕右側掛盞燈。這些是人類團體約定而來的習慣，國家也是如此。國家是由社會成員約定構造而成，雖然參加者眾多項目又複雜，但本質上依舊是一種約定，祂是人們透過約定創造出的凡間神明。」

「凡間的神明？」

「是的，國家是一個出於約定但握有權力，能制定法律，賞善罰惡的神明。國家非但不出於神明，反而是人們創造的凡間神明。」

達太安讚嘆道：「這真是個有趣的說法，霍布斯先生文字的力量，大概是他們追殺您的主因。」

「謝謝您。跟所有約定一樣，國家被創造有某個目的。國家的目的是為了對抗人類本性帶來的『混亂』。」

「為了對抗因人類本性而來的混亂？」

「是的。沒有國家，人類就會因本性進入混亂。關於人類本性，古今思想家有許多討論，但觀察事實，我認為人類本性就是『欲望』與『恐懼』。美德需要培養，但欲望與恐懼卻不需栽培就存於人心。道德因文化而不同，但刑罰能防止犯罪，財富能引誘罪犯，不管任何的地區、文化，都是如此，不是嗎？」

「這倒是，美德與善良需要意志堅持，『欲望』與『恐懼』卻好像無時無刻都在。」

「欲望與恐懼是人類本性，這點確鑿無疑。當依著本性發展的人類進入社會生活時，出於本性，每個人都貪婪地想要擁有全世界，卻又恐懼他人奴役自己，這引發一切人對人的戰爭，人與人之間互為豺狼，鬥爭支配權。」

聽著描述，達太安眼前彷彿出現一群人，拿著長矛彼此叫罵。人群旁有一棵結實累累的果樹與一彎清澈的河流。或許是這樹、這河流或這地，引起了他們的占有欲，勾起了衝突。他們叫罵的聲音越來越大，動作也越來越具侵略性。

他突然回神，發現霍布斯正等著他，急忙回道：「這場混亂是一個到處充滿戰爭的可怕世界。」

霍布斯回道：「是的，而且這是一場沒人能贏的戰爭。」

達太安問道：「沒人能贏？為什麼？」

「因為這場所有人對抗所有人的戰爭，牽涉的層面太多了。強壯的人在一對一的情況下有優勢，但兩三個人一旦聯手，優勢就沒那麼明顯了。聰明的人，工於事先準備，但時間拉長容易鬆懈，也有其弱點。聯手合作或許能讓人取勝，但也是暫時，因為內鬨與篡奪總是防不勝防。原始戰爭讓每個人都輸，每個人只能暫時地擁有一些，但終將失去一切。任由原始狀態放著不管，結果是每個個體的生命都成為是孤獨、貧困、骯髒、短暫而又野蠻的。」

「太可怕了，這一定有辦法避免的吧！」

「是的，這是人性的必然結果。不過持續的時間應該不長，因為人們迫不及待地來解決這個問題。解決關鍵是人們必須放棄自己部分的權力，來換取與他人並存的社會。」

「放棄權力以換取並存的社會？」

「是的。因為問題出在人們的權力彼此交疊引發衝突，所以需要重新劃定權力的界線。每個人宣告（或接受）放棄自己部分的權力，將放棄的權力授予某個組織或某個人，以此換取其他人也接受相同的條件，人們授予權力的組織或個人就成了一個權力的集合體，這就是國家、利維坦或者說公權力的誕生。」

達太安聽完這段描述，眼前彷彿出現了一個魁梧的巨人，身子有半天高，幾乎遮住整個太陽。他細看巨人，發現巨人身上密密麻麻爬滿了小人。再仔細看，巨人就是由這許許多多的小人拼疊而成的。巨人手拿著一把巨大的權杖，權杖上刻滿了密密麻麻的文字，像法典一般。

「這似乎是合理的推理。」達太安回道。

「這就是人們創建神明的過程。我們放棄的權力，就是這位神明所具有的權力。神明的名字是『國家』，而國家的另一個名字是『公權力』。公權力可以制定法律，讓人民依照規矩生活。公權力可以分配財產，讓人民共享資源。公權力可以制裁破壞規則的人，給予懲罰。公權力也可以判決訴訟，解決爭論。不論何種形式的政府，都需要有強而有力的公權力，公權力是國家的核心，也是國家的意義與目的。」

「原來如此。」達太安此言一畢，做出要霍布斯停止說話的動作，對霍布斯道：「恐怕沒辦法繼續聊了，有追兵。」

達太安探出身往馬車的後方看，然後道：「看來有紅衣主教的人，您真得罪了大人物啊！霍布斯先生，等一下低著頭，什麼也別管！」

達太安大喊：「布朗歇，交給你了！送他去該去的地方！」

「沒問題！」布朗歇回道。

達太安如敏捷的貓一樣，從馬車上飛躍而出，悄然落地。馬車聲逐漸遠去，馬蹄聲卻快速逼近，達太安獨自一人持劍站在大路中央，五匹快馬疾馳，眼見要撞上他，達太安手一揮，領頭騎士翻倒落馬，額頭不偏不倚插著一把飛刀。

「達太安在此！」他喊道。

「而你們的追趕也到此為止了。」

夜空中傳來生死相搏的打鬥聲，但霍布斯漸漸聽不見了。馬車跑了一整夜，第二天的黃昏，布朗歇送霍布斯上了船。霍布斯最後成功地逃到了英國，《利維坦》則成為西方政治哲學史中不朽的著作。而達太安也如願成為法國國王路易十三的衛隊。

Cibala 老師碎碎念

本故事主角是英國思想家，政治哲學家，唯物主義者多瑪士．霍布斯（Thomas Hobbes, 1588.4.5–1679.12.4）。其名著《利維坦》呈現的是社會契約論與絕對公權力的政治觀。

霍布斯是西方性惡政治哲學的代表性人物，他跟馬基維里一樣認為人類天性就是恐懼與欲望，不值得信任。霍布斯深入反省人建立國家的原因，認為國家不出於神意，而是出於人們的意志與約定。這一思考剝除了國家的神聖外衣，檢討國家概念的學說，如雨後春筍般出現。

霍布斯寫作時代正值英國內戰時期，英國內戰或許使得霍布斯的思想傾向於君主集權的政治思考模式，這點使得他評價兩極。不過無論如何《利維坦》都是西方政治哲學中極重要的里程碑，這點絕對是不可否認的。

本故事的另一位主角是法國作家大仲馬《三劍客》中的達太安，因為時代與地緣接近，讓筆者有了這樣的想法，編了故事讓他們相見。更多達太安的故事可以閱讀《三劍客》。

哲學很有事，你也來試試

☆不同於傳說或傳統，霍布斯認為國家到底是什麼？
☆霍布斯本身如何描述人的本性？
☆人類創建國家的目的是什麼？
☆在原始混亂的戰爭中到底誰能獲得最後的勝利？
☆霍布斯認為國家是如何產生的？
☆霍布斯認為國家的核心是什麼？
☆你覺得霍布斯對國家的各種想法合理嗎？說說你的看法。

巴斯卡的意外之旅

人類一思考，上帝就發笑。

猶太諺語

一六五四年十一月二十三日，巴黎。

巴斯卡被自己搞糊塗了。他記得自己前一秒在馬車上，馬車因不明原因翻覆。但只過了一秒，穿戴整齊的他又坐在另一輛馬車上。他直覺自己可能因昏迷而在做夢，但他又覺得，此刻的自我意識，比平常更清澈強烈。

保險起見，他用力捏了自己兩下，清晰的痛楚讓他覺得自己醒著。

馬車十分寬敞，車裡有股特別的香氣，讓他心神平靜。否則以如此不合理的劇情，他早已坐不住了。巴斯卡正思考如何解謎之時，馬車門打開，一位體面的紳士上了車，馬車開始平穩地前進。

「您好，我是巴斯卡。」巴斯卡主動道。

「您好，我是加百列。」加百列輪廓深邃，臉孔俊美，明眸皓齒，皮膚雪白，巴斯卡從沒看過皮膚這麼白，外型又如此俊美的人。他給人的感覺，就好像透著光的洋娃娃一般。

「很榮幸與您共乘一車。」加百列的聲音聽來年輕如孩童。

「我心亦同。加百列先生，請問這輛車是要去哪裡？」

「接您去赴個宴會。」加百列微笑答道。

「請問宴會的主人是哪一位？」

「一個驚喜，到了就會知道。」加百列再度微笑道。巴斯卡感覺他的笑真有說不出的魅力。

「請問加百列先生是？」

「我只是信差兼招待。跟您不能比，我聽人說，巴斯卡先生是位數學家。設計了計算器，真是太聰明了。」

「謝謝您欣賞。您剛說到聽人說？莫非我們有共同的友人？」

「笛卡兒先生。我前陣子才見過他，他是個有趣的人，他一上車，就把思考計畫從頭到尾一直講個不停。」

「笛卡兒先生是很有熱情。」

「有趣的計畫，我必須說，少見的有趣。」加百列答道。

「以笛卡兒先生的才智自然是如此。」巴斯卡答道，他對笛卡兒的佩服並非虛假。

「我對此計畫十分有興趣。不過有些環節不確定自己是否真懂，這樣好了，我試著描述一下笛卡兒先生的思考計畫，請您來確認我的說法是否正確。」

「我？我適合嗎？」

「同為數學天分驚人的思想家，再適合不過了。」加百列的微笑讓人無法抵抗。

「那我盡力而為。」巴斯卡比了一個請的手勢。

「請多指教。」加百列道：「笛卡兒先生的興趣是知識，他認為知識就是確定不疑的想法，因此獲得知識最要緊的原則是『懷疑』。透過懷疑的檢測我們能把個人偏見或錯謬想法擱置，讓真知識浮現。」

「是的。」

「所以笛卡兒先生從對一切想法的懷疑開始，透過分析與反省，尋找可靠的知識，並在過程中反覆檢驗，培養出能明辨是非的理性思考。」

「是的。」

「不過笛卡兒先生很快就認為這個原則不只能用在知識上，對其他領域也適用。不管數學、科學，所有知識，甚至對倫理價值的判斷，對上帝的信仰，都有理性思考能派上用場的地方，對嗎？」

「您說的很對，我也認為笛卡兒先生說得很對。」

說完這段話的加百列陷入了沉思之中，他的表情嚴肅，十分專注。半晌之後，加百列開口了。「深思之後，我反倒認為，笛卡兒先生的看法不對。」

「不對？」

「不對。」

「哪裡不對？」巴斯卡回道。

「哪裡都不對。」加百列斬釘截鐵地道。

這讓巴斯卡大吃一驚。對他來說，笛卡兒的學說並非不可懷疑，卻是深具說服力的。若有反對理由，他會很有興趣。

加百列道：「理由有三，分別從理性、信仰與存在提出，請讓我逐一簡介。」

「正有興趣，麻煩您了。」

「首先，笛卡兒先生認為理性能找到一個不可懷疑的出發點，也就是無法想像為假的想法，這種想法一定為真，對嗎？」

巴斯卡回道：「對笛卡兒先生來說是這樣沒錯。」

「但我們還是可以懷疑這種懷疑不夠徹底。我可以想像有些理性出錯的人們，認為人頭髮不是黑的是不可想像的。」

「可是事實上我們可以想像頭髮不是黑的。」

「是的，但我還是可以想像人的『想像』出問題。某人無法想像某件事是錯的，跟這件事事實上不可能是錯的依然不同。人們在犯錯之前常常認為自己是不可能犯錯的。除非一開始就信任理性，否則絕不可能有什麼不可懷疑的出發點，因為出發點的不可懷疑還是可以被懷疑，但笛卡兒先生又認為要能懷疑一切才是理性。這不是很矛盾嗎？」

巴斯卡覺得加百列所說也有些道理，答道：「或許笛卡兒先生是想強調理性懷疑的重要性。」

加百列繼續道：「是的，但我認為笛卡兒先生越想建立不可懷疑的出發點，就越與真正的知識脫節。知識，確實會受時代、地域與文化的影響。例如對食物、草藥跟建築的知識，都會受現實環境影響。仔細懷疑之後，難道這一切都要放棄嗎？」

巴斯卡了解這些點上的爭論更多了，不再爭辯。加百列見巴斯卡沒有答腔，繼續道：「我們再來論第二點，信仰。笛卡兒先生近乎於沒有信仰。」

「沒有信仰？笛卡兒先生可是論證上帝存在的人啊！」

「這不衝突，即使論證了上帝的存在，依然可以沒有信仰。」加百列露出燦爛的笑容。「巴斯卡先生，您是一個基督徒嗎？」

「我當然是基督徒。我信上帝，也信耶穌基督。」

「那您知道，信仰的兩個要件嗎？」

「我不知道是哪兩個，但若合理我自當相信。」

「保證合理。信仰有兩個要件：從人的處境來說，必須了解到自身的絕望與卑微；從信仰的對象來說，必須相信上帝的存在。這就是我說的兩個要件。」

巴斯卡原本以為會是很複雜的條件，沒想到這麼簡單，所以立刻點頭。

「用這兩個要件來檢驗笛卡兒先生，會發現他跟無神論者是差不多的。剛說的兩要件中，無神論者意識到了自身的卑微，卻對上帝的存在一無所知。笛卡兒先生意識到了上帝的存在，卻對自身的卑微一無所知。他想從自己的理性證明一切，甚至包含上帝的存在，他對自身有限的說法多為恭維之詞。哲學家與無神論者都是少了兩者中的一者，與真正信仰者的距離一樣遙遠。」

巴斯卡突然為加百列的發言所震撼，這麼簡單的道理，他卻沒有意識到。兩人突然陷入一片寂靜。

「巴斯卡先生？」加百列對他微笑道：「您出神了。」

「非常精采。」巴斯卡讚嘆道：「我想聽您說笛卡兒先生的最後一個問題。」

「您的真誠，也令我敬服。」加百列露出認真的表情道：「最後一點，其實才是核心……」話沒說完，馬突然長嘶急停，兩人都往前一跌。

加百列望向馬車窗外，彷彿看著什麼，他道：「恐怕沒時間好好講了。」話沒講完，整輛馬車被一個擁有巨大力量的生物抬了起來。巴斯卡正要跌出去，加百列拉住並提起他的身體，踢破了馬車一邊的車門，躍出了馬車。

加百列提著他飛了起來。

這是第一次，巴斯卡有飛在空中的經驗。他完全不知道加百列是用什麼方法飛在空中的。

空中絕佳的視野，讓巴斯卡看到，地上有隻雙角、利爪、尖牙，標準惡魔樣子的生物，正抓起整輛馬車用力搖晃。惡魔見加百列騰空而起，大吼一聲，將整輛馬車向加百列的方向飛擲過來。

加百列全身放光，巴斯卡這才看清楚他背上有六隻翅膀。他身邊出現一把火劍，火劍高速旋轉，將空中的馬車捲個粉碎。巴斯卡正不知道該害怕還是該叫好，卻發現馬車碎片中伸出兩隻深紅色的手臂。一隻手抓向加百列的咽喉，另一隻手卻抓住了他。加百列的翅膀承受不住，三人撞成一團跌向地面。還沒落地，加百列大喊：「惡魔！退後！」他的身體再度放光，亮到巴斯卡眼睛無法張開。

他們並沒有撞到地面。巴斯卡張開眼睛時，惡魔已經消失不見，加百列提著他，在森林中奔跑。巴斯卡注意到，加百列臉上的光似乎變暗淡了，翅膀也破損了。

加百列對他道：「我最看不慣的就是人類這一點，你們根本不知道自己的存在處境。」

「剛剛那是？」巴斯卡問道。

「惡魔，為你而來。」

「為什麼？」

「你已經死了，巴斯卡先生。」加百列說得輕鬆，這句話可像重槌一樣砸在巴斯卡的心上。

「死了？」巴斯卡輕聲問自己。

「你的靈魂，數學家的靈魂，哲學家的靈魂，是惡魔想要的東西。」加百列道：「你們的靈魂，不管在多麼黑暗的地方，都能夠依照自身的力量發出光亮。這可是地獄最佳的照明燈。」

「我已經死了？」巴斯卡仍不敢置信。

「我一開始就是接你去創造主的懷抱。這個世界是我們天使跟惡魔交戰的戰場，人類短暫而渺小的生命，再怎麼努力，也只能尋找不確定與悲傷。一位暫時的過客卻想要推演出宇宙永恆的真理，這是笛卡兒最後一個問題，明白了嗎？」

巴斯卡驚訝得說不出話來。

「不過，我恐怕有點麻煩。」加百列話剛講完，一隻紅色的手從地下伸出，抓住加百列。加百列被重摔在地上，另一隻手抓住了巴斯卡，惡魔轉向他，對他微笑道：「我的床頭燈。」

「不行。」加百列念咒，背上六隻翅膀幻化為六隻飛舞的寶劍，一起刺向惡魔。

惡魔微笑。

加百列大叫：「絕對不行！」他的身體又開始不斷放光，像要燒盡一般不斷變亮，光與熱讓巴斯卡什麼都看不見。

加百列在他的耳邊道：「我最討厭人類了。為了你們卑微的存在，天使必須做永恆的爭戰與犧牲。」

最後他聽見的是加百列的一聲道別。

「再見了，巴斯卡。下次來接你的可能不是我了。珍惜自己的存在與上帝的救恩，在接下來的每一天。」

巴斯卡突然醒來，躺在大雨傾盆的大路上。他的馬車撞毀，自身卻毫髮無傷。

一六五四年開始，巴斯卡從一個理性主義的數學家與哲學家，轉變成基督教最有名的神學家與護教者。

Cibala 老師碎碎念

本故事主角是法國的數學家、哲學家、科學家與神學家巴斯卡(Blaise Pascal, 1623.6.19–1662.8.19)，小時候算數學時或多或少聽過的巴斯卡三角形，正是他的傑作。另外，機械計算器的發明者也是他。

除此之外，在許多領域，機率論、投影幾何、真空機械，到處充滿他的作品。巴斯卡是位天才少年，十六歲就開始展現數學上驚人的天分。然而更有趣的是，巴斯卡的思想有個雙重性，在前期，他是數理導向，偏理性主義的哲學家。但在一六五四年十一月二十三日，據他所稱他遇見了一個神啟的事件，改變了他的思想與後半生。事件後的巴斯卡開始以基督教的護教者為任，成為帶有存在主義色彩的神學家。本故事的背景就是改編這段含有神啟的經歷，故事中加百列所述觀點其實是巴斯卡後期的觀點，並借用這種觀點來批評笛卡兒（或者他自己之前）的哲學。

筆者不知如何結合這種戲劇化的轉折，只好憑著自己的猜想描述它。故事中的天使名與惡魔只是借用，沒有特別的意思。

哲學很有事，你也來試試

- ☆加百列說笛卡兒的哲學以何者為出發點？
- ☆加百列對理性尋找不可懷疑的出發點提出什麼樣的批評？
- ☆加百列提出基督信仰的兩個要件，是什麼？
- ☆加百列以信仰的兩個要件衡量笛卡兒，結果是什麼？
- ☆簡述加百列對笛卡兒提出最後一個批評。
- ☆加百列認為人只是渺小短暫的過客，你同意嗎？為什麼？

巴斯卡的訪客

人類一切努力的目標在於獲得幸福。

英國社會主義改革者　羅伯特・歐文

一六五六年，法國巴黎。

瘦弱的巴斯卡伏坐在案前，振筆疾書著。不知是因為專注用腦，還是因為頭疼，巴斯卡左手一直按著前額。

「少爺，您還好嗎？」或許因為一直沒結婚，巴斯卡家僕人依舊稱他少爺。

「還好。」他放下筆，臉色很糟。

「有您以前友人來拜訪。」僕人道：「他說您曾教他數學，他還親眼見過您製作的計算器。」

「他有說為了什麼事來訪嗎？」

「沒有，我猜是禮貌性質。」

「是嗎？那有必要見嗎？」巴斯卡最近專注於寫作，不想見任何人，所以表現出為難的樣子。

「少爺，我建議您見一下他，與人交談對您的健康有幫助，寫作甚至也可能會有新的靈感。」

巴斯卡思考半晌，最近的確常遇到瓶頸，或許是因為生活枯燥所致。而且見以前認識的人，總比見完全陌生的人好。

「好吧！我就見見他吧！」

走進會客的房間，出現在巴斯卡眼前的是一個個子不高，充滿活力的年輕人，此人年紀與巴斯卡相仿，臉色卻比他健康許多。

「巴斯卡，記得我嗎？我是你父親部下的兒子，高提爾，我看過你的計算器。」

巴斯卡對他一點印象也沒有，但高提爾滔滔不絕地說著過去的事，話語中滿是對天才數學家的崇拜。他說自己一直對數學與科學抱持興趣，也是受巴斯卡的影響。不過他沒想到的是他眼前的人，已經不再是過去那位巴斯卡了。

「還在進行數學的研究嗎？」高提爾興奮地問道。

「數學研究都停了。」巴斯卡回道：「我實在分身乏術。」

高提爾語氣略有失望地道：「真可惜，那您現在還有在研究些什麼嗎？」

「你為什麼對這有興趣？」巴斯卡反問道。

「如果侵犯到您的隱私，您可以不答，我只是純粹好奇。」高提爾的聲音越來越小，深怕得罪自己的偶像。

「不，沒有侵犯。」巴斯卡道：「沒有不可說的，我現在主要的興趣是信仰，創作也都與信仰相關。」

「信仰？」高提爾驚訝道。

巴斯卡以認真的口氣道：「是的，對耶穌基督的信仰，對全能造物者的信仰。」

「這跟我想像中的您，差距是有些大的。過去的你是那麼喜歡強調理性的重要。」

「喔?你這樣認為呀!」巴斯卡不自主動起腦筋來。「那為什麼你認為理性與信仰有很大的差距呢?」

「這個嗎?」也許是為了向偶像致敬,高提爾認真思考著,提了一個當時流行的答案。「我認為笛卡兒先生的哲學是很有說服力的。理性應該從懷疑開始,仔細檢驗,尋找具有確定性的知識。而信仰,本身並不是一種確定的知識。理性跟信仰很不一樣,甚至可以說是背道而馳的。」我這麼說並非因為我是無神論者,我也是基督徒,只是不那麼熱衷罷了。理性

信仰與理性的關係正是巴斯卡思考創作的主題,他開始快速動起腦來。巴斯卡回道:「依照你剛剛的說法,理性就是確定性。所以當相信沒有確實證據的事,或依著沒有確實證據的想法行動,就是沒有理性的。這樣對嗎?」

「這個當然,我就是這個意思。」高提爾回道。

巴斯卡道:「信仰部分我先不論,但你對理性的解釋是有問題的。舉個例

子，你明天若要出遠門，今晚收拾行李是合理的嗎？」

「當然合理，難道不合理嗎？」高提爾回道。

「我也認為合理，可是依照笛卡兒先生的懷疑標準，你怎麼能確定明天你一定會出門呢？」

「這不是依計畫而定的嗎？」

「是的，可是計畫本身並不保證確定性。我們不確定明天天氣、路況或家人狀況。不確定自己的心意是否會臨時改變，自己是否會突然生病，甚至無法確定明天自己是否還有性命。你能百分之百確定這些嗎？」巴斯卡問道。

高提爾思考後回道：「日常生活中計畫所依靠的，雖然無法百分之百確定，卻是有很高機會成真的常理。依著常理去安排行動，即使沒有百分之百確定，仍算是理性的。不依常理又欠缺證據的行動，才是沒有理性的。」

巴斯卡道：「依你修正，如果一個人行動沒有確實證據，也不依循常理，那麼這個人的行動就是不理性的囉？」

「這當然。」

巴斯卡微笑道：「可是依你所言，作家為了完成作品投入心力，或一位將軍破釜沉舟地與敵人決戰也都是不理性的，因為他們並非依著常理去創作或決戰，也沒有這樣做一定會成功的證據。」

高提爾回道：「可是這是行動者希望發生，想要去完成的事。這樣的事發生在未來，即便有不確定的因子，仍是理性的。」

「所以如果行動不依常理，又不是將來可能發生事件的計畫，就一定是非理性了，對嗎？」

高提爾仔細思考檢查，認為這次應該沒有漏洞，回道：「是的。」

巴斯卡道：「依你這樣說，囤積糧食以防饑荒，或修建河堤預防洪水也都不理性。因為我們既沒有未來一定會發生饑荒或洪水的證據，也不希望這些災害真的發生，不是嗎？」

一再修正論點的高提爾失去了信心，回問道：「為什麼要一再否定理性追求確定性的論點呢？」

「那是因為理性追求的並不只是確定性。如果理性追求的僅僅是確定性，沒有比否認理性更合理性的行動了。要求證據雖然能排除假的訊息，但也一樣會排除掉真的，甚至是充滿意義的信息。比方說夢想與信仰。」

「夢想與信仰？」

「夢想與信仰都能指引人生方向，賦予人生命的意義，讓人感受幸福。可是這些卻無法通過確定性的考驗，難道我們就因此在這兩件事情上放棄思考嗎？」

「我沒想過這些問題。」

「或許是經歷，經歷使我深切感受到人的渺小與無知。但即便如此，渺小的人類還是忍不住思考，忍不住追求幸福。比起無限，人是無，比起無則又是一。你了解我的意思嗎？」巴斯卡越說越激動，緊抓著高提爾。

「我不太明白。」

「思考不只是為了追求確定性。相比於知識，更重要的是思考讓我們認識自己，讓我們意識到自己想要追求幸福。思考也是為了追求幸福，而對幸福的追求引導我們追求永恆的信仰。信仰並不違反理性，反而是理性必然的歸宿。我的朋友，我必須要告訴你，信仰合乎理性甚至可以從數學的角度來證明。」

「數學的角度？那是什麼意思？」

巴斯卡自信道：「舉個例子就很清楚了，如果我的前面有兩條路，一條路通往幸福，另一條通往不幸，那選擇何者較為理性？」

「當然是選擇幸福較為理性。」高提爾答道。

「如果前面有兩條路，一條路通往較大的幸福，另一條通往較小的幸福，那選擇何者較為理性？」

「選較大的幸福更理性。」

「假設我們沒有關於上帝的確實知識，但我們知道有兩種可能性，一種是上帝存在，一種是上帝不存在，對嗎？」

「是的，但我們無法確定何者為真。」

「我們不用確定何者為真，而是把『信仰與否』當作『兩條可選擇的路線』，再考慮選擇何者更好。先考慮『選擇有信仰』的情況，在一個人選擇信仰的狀況下，存在著兩種可能的結局，第一種是上帝並不存在，所以他死後什麼都沒有，價值為零。第二種情況是死後真有上帝，那麼信仰者將得到無限的快樂，價值為無限。對嗎？」

「的確是有這兩種可能，以及可能的結果。」

「在一個人『選擇不信仰』的狀況下，可能結局一樣有兩種，第一種是他死後什麼都沒有，這人雖然選對，卻也享受不到任何價值，價值為零。另一種情況是他死後真的有上帝，但因為選擇了不信仰，他將因此而受無限多的痛苦，價值為負無限。不是嗎？」

「是的。」

「綜合兩者，『選擇有信仰』時可能一是無限的福樂，可能二卻是無得無損。『選擇不信仰』時可能一是無得無損，可能二卻是痛苦的永恆。選有信仰可能會有好處，卻沒有特別壞處，選不信沒有特別好處，卻可能有很大的壞處，純就追求幸福的理性而言，你會選擇哪一邊呢？」

高提爾終於了解到這想法背後的道理，即使不知道是否有上帝存在，選擇信仰有益無害。只好點頭道：「我選擇信仰，這是更理性的選擇。」

「這就是我專心於信仰的原因了。每個人的生命都有限，卻有機會贏得無限的獎賞。信仰所具有的確定性，比我們明天起床還活著的確定性更大。」

「說得太好了。我就是想看看這些日子，你的變化。」高提爾突然換了一個表情說道。「那一次真的好險，我差點沒機會再來接你。」

「你說什麼？」巴斯卡仔細盯著高提爾的臉，卻發現那是張面具，高提爾在面具底下還有一張白皙，如陶瓷洋娃娃般的臉。

「是你嗎？」巴斯卡問道。

「是我，我沒事。」對方答道。

「我等你好久了。我的時候到了嗎？」巴斯卡淚如雨下。

「久等了。宴會已經準備好了，一起走吧！」加百列回道。

「太好了。」巴斯卡笑中帶著淚地答道。

三十九歲的巴斯卡因病而逝。而他這些有趣的觀點與想法，繼續永恆影響著後世。

Cibala
老師碎碎念

本故事主角跟上篇一樣是法國哲學家巴斯卡，而且也是他後期的觀點。巴斯卡從早年的理性主義，轉而不斷批評理性對確定性的追求，這是一個值得深入了解的觀點。

另外，故事後半段是巴斯卡有名的「賭注論證」。賭注論證把信仰上帝與否當成一盤賭局，說服人們即使在資訊不足的狀況下，有神信仰依然是更理性的「選擇」。這論證既不是從經驗中去尋找上帝的蹤跡，也不是從《聖經》或歷史中去分析，而是從人有限的存在處境反省，並嘗試定義好的「選擇」。

賭注論證已經出現了決策理論 (decision theory) 的基本概念，也因而啟發性極高。一個人了解自己的幸福，做出對自己有利的選擇，追求自己想要的幸福，也是理性的重要意義。這是巴斯卡留給後世永不熄滅的智慧明燈。

哲學很有事，你也來試試

☆故事中巴斯卡早年跟後來的興趣，有什麼不同？

☆高提爾認為理性與信仰有差距是因為什麼？

☆巴斯卡第一個出外旅行的例子，想說明什麼？

☆巴斯卡第二個創作或打仗的例子想說明什麼？

☆巴斯卡說思考不只為了確定性，更重要的是為了什麼？

☆巴斯卡的賭注論證想說服人們什麼？

衛斯理的審判

世上最美好的事物就是言論自由。

古希臘哲學家　戴奧真尼斯

一六六〇年，英國倫敦。

英國自一六四〇年至一六六〇年陷入內戰，議會與國王各自招聚軍隊交戰。一六四九年英王查理一世被議會派擒獲處死，一六五三年議會派的克倫威爾掌權，自命為護國公，廢除英國王室。但一六五八年克倫威爾死後，國王派再度復辟。

王室復辟後，克倫威爾派自然遭到清算。七十三歲的檢察官衛斯理受命審查一位克倫威爾派的知識分子。因為視力不好，老檢察官今天請了助手與接班人約翰幫他念稿。即便再麻煩，國家依然需要倚重他的見識與經驗。

衛斯理對約翰道：「我聽說，這是個有思想的人。」

約翰道：「這種人既有用又有害，不過彌爾頓先生顯然站錯邊了。」

衛斯理道：「政治清算本來在所難免。在以下審查中，一方面要秉持法律正義，一方面也得為英國未來著想。好吧，我們來處理案件吧！」

約翰將犯人的基本資料讀給衛斯理聽，犯人全名為約翰．彌爾頓，最高職位是國會議員秘書。約翰瀏覽並簡報了彌爾頓觀點鮮明的政治文章，兩人都對他有了初步的認識。

約翰道：「彌爾頓先生的政治觀點不出我意料，也沒有獲得具有決策力的官職。」

衛斯理道：「是的，但也不排除他用權謀操縱他人。」

約翰道：「是的，這裡有本小冊子也是他寫的，名叫《論出版自由》。」

衛斯理道：「喔？何時出版的。」

「一六四四年，那時正要通過出版審查制度，這是本反對審查制度的書。」

「是的，我想起來了。」衛斯理身體往前傾道：「坦白說我對這個審查制度也沒太多好感。既然有書在此，我們就來看看彌爾頓先生怎麼說吧！」

約翰拿起書快速翻閱，衛斯理靜靜等待他閱讀與思考。過了好一陣子，約翰道：「這是本充滿理想主義的小冊子，我標了幾個段落讀給您聽，應該有助於您了解。」

衛斯理道：「請吧！」

約翰道：「我覺得這段寫的挺有趣的。

要知道書籍不是死的東西，它涵藏著一種生命力。它像一個寶瓶，把作者的智慧菁華保存起來，它們非常活躍，而且繁殖力極強，像希臘神話中的龍齒一樣。當龍齒被撒在各處以後，就會長出武士來。」

衛斯理道：「彌爾頓先生相當了解智慧的重要性，智慧的話語具有影響力，甚至是感染力，一旦被人們理解與信服，的確能催生出不畏死的武士來，只希望武士真能遵循正道。典故也用得很好。」

「我了解您會喜歡，我似乎也感受到這本小冊子也有其生命力。請看以下這段。

殺死人只是殺死一個理性動物，毀壞了一個上帝的映像；然而禁書扼殺的是理性本身，破壞的是上帝的聖像。不少人的生命只是土地的負擔；但一本好書珍藏了傑出者的心血，為的是未來更多的生命。」

「居然認為禁書比殺人還嚴重，真是個理想主義者。」衛斯理道。

「這些段落如果被教會那幫人看到了，很可能會判極刑。彌爾頓先生真是運氣好啊！」

「是的，他的運氣好極了，我們跟他的意見恰恰相同。而且我們也得為未來更多的生命著想。」

「請再看下一段。

只要心靈純潔，書籍不可能有害。書籍如同酒和肉，有好有壞，但物的好壞不能代表對人是否有害。如果身體不好，好肉與壞肉都有害，如果身體強壯，兩者都能被人所用。最壞的書能讓好人提防壞人，最好的書在壞人心中也能用來作惡。」

衛斯理道：「這段文字的主旨是善與惡並不歸諸於書，而應歸諸於人。好書能被壞人用來行惡，而壞書自然也可以幫助好人行善。這一觀點，雖然我不能完全贊同，卻能夠理解有人如此主張。」

「您不贊同的原因是什麼？」

「我認為書本身並非純粹無善惡，如何利用書的資訊固然取決於人心，但書的內容也會影響讀者的心，萌生讀者的善念或惡念。一本書若是十個人閱讀，十個人都萌生惡念，我會認為這本書是惡的，一本書也可以讓十個人都萌生善心，而這樣就是善的。我們得正視書對人心的影響。」

「可是您剛剛也說過並不支持審查制度，不是嗎？」

「我僅僅是對制度本身沒有好感。認為書有好壞不代表我就支持書應該被審查，這是兩回事。而且即便我贊成出版前需要審查，我也可以限制審查的手段與範圍。每一個制度都有很多的細節需要考慮。」

「您的思慮的確是更周到完整，受教了。請繼續聽下一段。」

如果善在惡面前只是個涉世未深的孩童，只因不了解誘惑便拋棄了惡，那這只是一種無知的善，而不是純真的善。它的潔白無暇只是塗漆外加的一層白色而已。

「是的，這段他說的很好。不管是道德甚或是信仰，只要失去反對的一方，都會使原本正面的一方失去意義。每個人都得面對善惡的抉擇，才能說是善的或惡的。不面對選擇，也沒有真正的良善可言。出於環境限制的善是膚淺的，這種膚淺是沒有意義的，或許，這就是他前面說許多人只是多餘負擔的由來。」

「是的，這兩個想法的確不衝突。」

「他的思慮是相當清楚的。除此之外還有其他不同的論點嗎？」

「我再找找。」約翰快速地翻著小冊子，邊看邊想了一段時間後道：「請聽以下這段。」

如果我們想通過管制印刷事業來移風易俗，那我們就必須同樣管制娛樂活動。除了莊嚴的和陶立安式的音樂以外，我們就不能聽其他的音樂或者寫作、詠唱其他的歌曲。對於舞蹈也必須審查；任何姿態、動作和風格，只要有不純潔的疑慮，就不能教給我們的青年人。」

衛斯理聽完後點頭道：「依照這種想法進一步思考，音樂跟舞蹈的確也該受到同樣的審查跟管制。彌爾頓先生相當聰明，他知道要論述一件事的態度不合理，就得看我們是否對相近事物一視同仁。」

「是的，這樣推論下去甚至我們一切生活習慣都應當受到審查與管制，但這顯然是不可能的。總言之，彌爾頓先生認為出版審查不但有害，甚至也無益。他舉了西班牙跟義大利當例子，在這兩個國家，出版審查制度已經行之有年，可是這兩個國家的道德有因此而提升嗎？信仰有因此而更虔誠了嗎？」

「當然沒有。彌爾頓先生認為限制出版自由是有害的理由我已經了解了。瀏覽完這本小冊子，你有什麼想法？」

約翰答道：「雖然彌爾頓先生是敵人，但他的思考是清楚而又正直的。」

「我這點意見與你一樣。政治罪可輕可重，而我認為我們需要為英國的未來留下一些希望。」

「老師說的是。」

一六六〇年彌爾頓被捕入獄，但只輕判了三年。他在獄中以口述方式完成了《失樂園》與《復樂園》等重要著作，為英國文學寫下輝煌的一頁。彌爾頓死後與喬叟、莎士比亞齊名。

Cibala 老師碎碎念

這篇故事的主角是英國文豪約翰・彌爾頓 (John Milton, 1608.12.9–1674.11.8)，彌爾頓中年從政，寫了許多政治文章；其時恰逢英國內戰，共和、復辟大動亂；克倫威爾派的彌爾頓曾在其國務會議中任拉丁文秘書。

彌爾頓曾寫過一些論述離婚的小冊子。一六四四年，他因為這類小冊子被國會召去質詢，惱怒之際，慷慨陳辭，產出一本言論出版史上里程碑式的文獻——《論出版自由》。本故事就是收集這本書當中的論點，將它呈現給讀者。

但這次充滿激情和思辨的演講在當時並未引起太大反響，出版許可制度在半個世紀後才在英國叫停。不過，由於美國獨立戰爭和法國大革命，彌爾頓的思想逐漸被世人認識並受到推崇。《論出版自由》也被譯為多種文字，流傳開來。

哲學很有事，你也來試試

☆彌爾頓認為摧毀好書比殺人還嚴重，理由是什麼？

☆衛斯理不同意彌爾頓的哪一個看法，為什麼？

☆白漆的例子中彌爾頓想說什麼？

☆彌爾頓最後提出如果禁止這些禁書出版的話，連那些合理的事物也得一併禁止，你同意嗎？

☆你同意出版審查制度嗎？為什麼？

磨鏡人史賓諾莎

驕傲是無知的產物。

柏拉圖《對話錄》

一六七七年，荷蘭阿姆斯特丹。

城市角落一間小房子裡，史賓諾莎在昏暗燈光下邊磨鏡片邊沉思。想到精彩處，忍不住笑了出來，不過這一笑卻引起了嚴重咳嗽。他邊咳邊拿出手帕掩住口，手帕移開，帕面一片殷紅。

他將手帕疊起來收好，漱了漱口，回來繼續工作，期限讓他沒有時間休息。他突然有個感覺，今天會有罕見的訪客。

砰！

沒敲門，男子用身體大力撞開沒上鎖的門，走進屋子，雙手環抱著一個橡木大箱，箱子裡整整齊齊排列著打磨好的鏡片，一格一格用木條固定著。男人帶著氣憤表情用力將大木箱「放」在史賓諾莎面前，故意發出聲響。

史賓諾莎神色自若，不慌不忙地問道：「魯迪先生，請問怎麼了？鏡片有問題嗎？」

「鏡片沒問題。」魯迪回答，表情生氣。

「是送貨的時間不對嗎？我記得比收貨日提早了三天。」

「也不是時間，是你的問題。」

「我的問題？」

「對，你的問題。我很生氣，就是你那些離譜的言論。」

「如果您讀了《神學政治論》這本書的話，我倒想聽聽評論。」這是史賓諾莎一六七〇年出版的書，討論迷信與《聖經》詮釋的問題。

「魯迪才不管那些，我從來不是宗教的狂熱分子，而是科學的擁護者，以理性思考自豪。」

「是嗎？那我更想了解到底是哪些言論惹怒了理性的魯迪。」

「還不就是你那些關於全世界只有一個『實體』的論述。你想用奇怪的言論譁眾取寵嗎？真是荒謬至極！」魯迪用力揮手道：「愚蠢至極！」

史賓諾莎語氣平靜回道：「如果我沒弄錯，您生氣是因為聽聞我有些錯誤的論點，您認為不但荒謬，而且愚蠢，是嗎？」

「是的。我很難忍受錯誤。」

「是的，您的智慧遠近馳名。既然講道理，我想請問，您是因為我有錯誤的想法而生氣的，對嗎？」

「是的。」

「世上有許多人想法與我不同，但因為別人想法錯誤而憤怒，就我看來並不理性。因為個人能力有限，錯誤在所難免。更何況人常需要透過犯錯學習，設想在教育上，若不容忍錯誤該怎麼進行呢？」

史賓諾莎言之成理，魯迪想不出反駁理由，卻突然想到了一個例子，他道：「真要說為什麼的話，大概有點像忍受不了鄰居髒亂。」

「喔？」史賓諾莎回道：「您的意思是說，您之所以生氣，像是以清潔自豪的人，發現鄰居屋子髒亂因而生氣，對嗎？」

「是的，我就是看不慣。」

「我可以理解。但畢竟那是別人的房子，您不住在其中，在自由的共和國裡，鄰居有權安排自己的生活環境，不是嗎？」

魯迪一下子說不出話來。

史賓諾莎接著道：「而且，富科學精神的您，是否考慮過鄰居髒亂的原因呢？」

「原因？」

「是的，追問原因是科學的動力之一。鄰居家髒亂可能有其原因，可能他最近生病或太忙，或居住人口增加難以顧全。總之，全面地了解事物的原因，才能作出客觀的判斷。」

魯迪聽出弦外之音，回道：「你的意思是你的說法，也有其原因？」

「這個自然，您智慧過人，但出於對理性的愛好，我也有我的原因。我可以簡述其因，合理與否，可以請您自行評斷。」

「可以，但要簡短，要是像江湖術士的長篇大論，我可沒功夫聽。」

「簡潔是智慧的靈魂，我會注意。首先，當認識世界中的事物，我們會把某些物視之為獨立的個體，就叫『實體』好了，每個人，每隻動物，每張桌子都是實體。幾乎沒有人會反對，這個世界是由許多實體共同組成的。」

「這樣說才合乎理性，你想改變自己的說法了嗎？」

「這只是表面，請讓我繼續。除了實體，某些事物僅僅是依附於實體之下的狀態，舉個例子，湖水的『水面波紋』就不是獨立之物，它只是湖水在受到外物影響時變化的狀態。」

「合理。」

「棉被上的皺褶也是個好例子，您認為這算是實體嗎？」

「皺褶當然不算，『棉被本身』才是實體。」

「我重複一次。棉被皺褶本身不是實體，因為我們只要抖一抖棉被，皺褶就會消失。但棉被本身並不會抖一抖就消失了，所以棉被是實體，但皺褶不算，這樣的推理正確嗎？」

「當然正確。」

「如果這樣的推理正確，我們就沿著相同的道理往下推。其實棉被在未來的某一天也可能變成蟲子肚中的食物，或者被火燒成灰，跟皺褶一樣從世間消失。對嗎？」

「當然棉被是會消失的，難道會消失的就不是實體嗎？」

「可是你剛剛用來說皺褶不是實體的時候，不就是說它很容易消失嗎？」

「可是棉被本身並沒有這麼容易消失啊？」

「但那只是程度問題。從更全面的角度思考，棉被跟岩石相比跟棉被上的皺褶一樣容易消失，其實都是相對的。這好像沒見過大海的人，會覺得湖泊裏才是真正的水，但水坑水卻不是。只要跟大海一比，就知道這種說法只是偏見。理性思考應該要掙脫偏見，站在更全面的觀點上，不是嗎？。」

魯迪急忙道：「那我換個說法，皺褶不是實體，是因為它存在需要依賴環境的條件，棉被要被堆放成特定的樣子才會出現皺褶。但棉被卻不用。」

「但物體的續存一樣依賴環境的條件。生命都需要食物與水，非生命一樣會受環境影響，溫度太高會讓棉被起火，玻璃杯會因外力而粉碎。作科學研究便知道凡物體沒有不受環境影響的。」

「不是影響，而是構成，皺褶是由棉被所構成，但棉被卻不是由其他東西所構成的。」不過魯迪才說完這句話便感到後悔了。

史賓諾莎回道：「追尋構成更容易發現萬物本為一體。棉被有造棉被的布料與棉花，木椅有造木椅的木頭，若沒有這些，棉被與椅子也不會存在。即便是我們，也有構成身體的物質，我們都需要透過進食來維持自身的構造。只是人類身體複雜，我們還不夠了解罷了。世界上所有存在物都只是世界變化的過程。口語中的『實體』只是個方便說法。」

聽史賓諾莎說著，魯迪突然出了神，彷彿跳出神識外，甚至宇宙之外觀察，宇宙中的每個人，每個事件與環節都不斷相互影響，構築出彼此的存在，每個事物都是整體世界的一部分。他感覺到這種說法讓他離開了自己的偏見，從更全面的角度了解世界。他回過神來，發現史賓諾莎還在繼續說著。

「存在不同實體的世界觀，只是一種方便生活的常識，經不起理性的認真思考。所有的物都只是表面上彼此獨立，就好像島嶼與島嶼表面上互離，地底下卻連在一起。萬物都不是獨立自存的實體，唯一不受任何事物影響，永遠獨立存在的，就是整個宇宙存在本身。當理性思考追問萬事萬物最後的原因時，這就是不可避免的結論。」

魯迪努力思考著，突然想到一個問題，回道：「你想得太極端了，至少，每個個人都能意識到自我，每個有自我意識的靈魂都是獨立的實體才對。」

「我們會這樣想，只是以萬物之一的身分思考。從宇宙整體來看，自我意識只是因為有利於自我保存，而被設計在我們身上。但事實上我們意識到的自我什麼也不是。就好像初見月亮放出光芒，以為月亮會發光，但細查就會發現光亮並不是真由月亮發出。當我們弄清楚了月亮、太陽與地球三者的關係，便會徹底了解這個現象。」

「那死亡也就等於從宇宙中消失了？因為每個人都只是宇宙過程的一部分？」

「或許您會說消失了，但更好的說法是從來沒存在過。」史賓諾莎以默然的神情說完這句話。

「我不明白你提出這樣的說法有什麼意思。或者說這樣想有什麼用處。」

「沒有用處，弄清楚真相，了解自己的存在，把自己從偏見中解放出來，這就是理性最大的功用了。你覺得不夠嗎？我不想再多要求什麼了。或許，附加一點是對事情更看的開了吧！」

聽完這些，思考了一陣子，魯迪默默地抱起裝著鏡片的箱子準備回家。他發現史賓諾莎想的要比他多太多了。他走到門口，突然又想起了什麼。

「史賓諾莎先生。」

「是的。」

「你那個咳嗽啊！還是應該去看一下醫生比較好。」

「多謝您的關心，但以我目前的狀況，斷難負荷。」

「既然如此您為什麼之前不接受那份大學哲學教授的教職？」

「我剛剛跟你說的，就是我的哲學。而我不覺得，在青年階段對人講述這些會對他有任何益處。」

「唉……」魯迪嘆了一口氣之後，走了。

一個月以後，史賓諾莎死於肺結核，他終身清貧，拒絕任何形式的誘惑。

黑格爾曾說，要理解史賓諾莎的哲學，是困難的。要達到史賓諾莎的人格，是不可能的。

Cibala

老師碎碎念

史賓諾莎（Baruch de Spinoza，拉丁語：Benedictus de Spinoza, 1632.11.24–1677.2.21）是西方近代的思想家，與笛卡兒、萊布尼茲三人並列為理性主義三大哲學家。

史賓諾莎是猶太人，出生於荷蘭，家境富裕。他一方面在猶太神學與文化的影響下思考，一方面吸收當時先進的潮流笛卡兒等的著作。荷蘭人在當時對於各種思想頗為寬容，但他們還是差一點把史賓諾莎拖出來殺掉。他因為思想的關係被逐出猶太會堂，放棄了自己家業的繼承權，最後以磨鏡片維生，這大大損害了他的健康，他逝世時只有四十五歲。

本篇故事旨在說明史賓諾莎一元論的主張，而且側重在宇宙的一元而非泛神論的論點，所以沒有提及對神的相關推論。史賓諾莎原文是以類似幾何推論方式進行，但這種方式對一般人較為艱澀，所以作者改用解說的方式，並輔以一些論證，希望能將哲學家主張合理的一面展現給各位。

史賓諾莎的推論不是為了實際的目的，而只是為了弄清真相，避免偏見與無知。這是理性論哲學一種常見的態度，至今日或許不再流行，但也是對我們自己很好的提醒。

哲學很有事，你也來試試

☆史賓諾莎哪些想法引起了魯迪的憤怒？

☆史賓諾莎如何回應魯迪對他的學說感受到的憤怒？

☆史賓諾莎說一切都只是宇宙的某個狀態，理由是什麼？

☆魯迪認為自我是實體，史賓諾莎怎麼回應這一點？

☆魯迪問史賓諾莎為什麼要知道這些時，他如何回應？

☆史賓諾莎說他為何拒絕大學的教席？

☆史賓諾莎這種特殊的看法你同意嗎？為什麼？

☆想的越遠，越能看到事件彼此的關聯，更能從整體的角度了解，因而避免偏見。你同意這種說法嗎？

☆如果知識沒有實際的用處，只能讓你離開原本的無知或偏見，你覺得這樣的知識有意義嗎？為什麼？

史巴克的試煉

智慧是唯一的自由。

羅馬哲學家　盧修斯・阿奈烏斯・塞內卡

年代不明，瓦肯星。

史巴克走了一整天，終於來到神諭所說的「那個地方」。

可是令他驚訝的是那裡既不是神廟也非醫院，而是間巧克力吧。說起巧克力，瓦肯人的身體對酒精沒有反應，但巧克力卻會讓他們出現人類攝入酒精的反應，因此，在瓦肯星一些特殊的地方會有巧克力吧。

「為了蘇拉克，我一定要成功。」史巴克對自己道。

蘇拉克是瓦肯星的英雄，瓦肯人過去曾是情緒化而且崇尚暴力的民族，因衝動相互爭戰，彼此殘殺，文明進展有限，個體生活痛苦。後來被稱為「瓦肯人文明之父」的哲學家蘇拉克，開始傳揚邏輯思考與和平主義，經過他不斷的努力，終於讓瓦肯人覺醒，開始理性思考相互合作，不但成為文明民族，還發展出高超的科技。

史巴克正在經歷這個覺醒的過程，他必須學會放下情感，免於情緒攪擾，才能成為成熟理智的瓦肯人。

史巴克走近巧克力吧，聽見裡面傳來叫罵打鬥聲。瓦肯人平常習於壓抑情感，所以巧克力吧裡釋放能量也更驚人。發生在這裡的是瓦肯人不願承認，卻又是瓦肯人生命歷史的一部分。

史巴克開門，客人沒一個認識，他走近吧臺，吧臺裡的人卻主動對他微笑。

「史巴克先生，我等你很久了。我是你的導師。」

「導師？」

「是的。神諭已經預先告知你會來，我會幫助你走完覺醒的這段路。」

「在這裡嗎？」史巴克閃開撞向他的客人，那人接著撞翻一張桌子，醉倒在地上。

導師回道：「這裡才是能看清情緒本質的地方。看看周圍這些人，這就是放任情緒的結果。」

轉瞬間又有兩個人纏鬥扭打在一起，他們手持巧克力相互潑濺，狼狽不堪。

「情緒的結果我已經知道了。」史巴克皺著眉頭道：「我也討厭這樣的自己，可是我想知道如何控制它。」

導師道：「慢慢來，無知往往是衝動的根源，舉個例子。你知道有些瓦肯人早上起床或肚子餓時，情緒會十分焦躁嗎？」

「我知道，這是生理構造使然。起床或空腹時血壓不足，體力不夠，身體對周圍會採取警戒狀態。」

「是的。如果你的朋友有類似毛病，因此對你生氣，你會大吼大叫與他對抗嗎？」

「我會提醒他他正處在易怒的狀態。」

「那你會大吼大叫與他對抗嗎？」

「當然不會，這實在太不智了。我可能會離開。」

「是的，你發現了嗎？了解原因有助於冷靜地處理情緒。再假設你是一個喜歡別人讚美的人，今天若有一個人靠近你，沒理由地不斷讚美你，你怎麼想呢？」

「這人別有居心吧！我會提醒自己，不要上他的當。」

「是的，即便你當下很開心，你也要提醒自己，了解原因對控制自己的情緒跟處理他人的情緒都有幫助。了解自己的情緒，別人的情緒，明白情緒的前因後果，你就能超然於此，甚至能控制它。」

「所以這就是控制情緒的方法？」

「控制情緒沒有一勞永逸的方法，需要持續不斷的努力，但無知是衝動的根源，了解是控制的關鍵。清楚情緒的本質，你才能全面思考，擺脫衝動的控制。你知道人們為什麼來這裡嗎？」

「為了喝巧克力？」

「那為什麼要喝巧克力呢？」

「不就是因為喜歡喝嗎？這還有什麼好問的？」

導師搖頭道：「如果把『喜歡』當成探求答案的最後一站，就很容易被情緒所控制。巧克力能讓中樞神經放鬆，人們喜歡輕鬆的感覺。這就是喜歡背後的『答案』。」

史巴克回道：「我沒想過可以這樣回答，可是了解這點又有什麼用呢？」

導師微笑道：「如果你明白喜歡喝巧克力是因為喜歡輕鬆的感覺，那也許就可以找到其他的方法代替喝巧克力，巧克力就不再是不可替代的。」

史巴克認真思考後發現導師說的有理，回道：「是的，你說的沒錯，我從來沒注意過這些。」

「我們還沒聊完呢！那我再問，為什麼人們喜歡這一種感覺？」

「這還能繼續問嗎？」

「可以的，你想想。」

「因為……」史巴克絞盡腦汁地想，他不確定什麼樣的答案能讓對方滿意，最後只好說：「因為生活繁忙？」

「你好像很沒信心似的，但你說的沒錯。繁忙的生活讓人喘不過氣，也因此就希望偶爾輕鬆。那人們為什麼要過繁忙的生活呢？」

「因為要求生存。」史巴克以不確定的語氣回答。

「是的。求生存，求自我保存，求自我保存其實是所有事物都共有的特質。舉個例子，這木桌。」導師敲了一下吧臺的木桌，然後道：「這對外力的抵抗就是木桌保存自我的特性。」

「木桌也能保存自我？我沒想過可以這樣說。」

「是的。我們更熟悉的是生物透過意識、欲望、進食、新陳代謝來保存自我。連繁衍下一代都是自我保存的結果。瓦肯人是萬物的一分子，與萬物在這點上相同。」

「你強調這一點想說什麼？」

「這能讓我們更了解自己。瓦肯人身上的一切，包括情緒或情感都是為了個體的生存而存在的。保存生命的力量在我們身上化為欲望，欲望化為短期的情緒或長期的情感推動我們行動。當欲望被滿足，生命趨向一個更好的狀態時，這便是快樂。當欲望無法滿足，生命保存趨向更差的狀態時，便出現了痛苦。追求快樂與避開痛苦就是我們生存最基本的法則。」

聽導師這麼說，史巴克的眼前出現了兩幅圖畫，第一幅圖是一個原始的瓦肯人為了找到了食物，正快樂地用餐著。第二幅圖畫則相反，找不到食物的原始瓦肯人只好勒緊腰帶，痛苦地入眠。二幅圖都強烈地觸動他的情緒。

「可是瓦肯人現在已經進入文明了，還是這個樣子嗎？」

「是的。瓦肯人的本質並沒有變化，即便食物變得更精緻，住處變得更寬敞，生活更舒適，只要我們捫心自問，趨利避害依然是行為背後真正的推手。這並不是什麼不正確的事情，而只是作為萬物一分子的命運罷了。」

史巴克沉默思索著，覺得自己似乎能接受這種看法。

「愛與恨亦出於趨利避害。當帶著快樂的感覺面對外物，我們愛這物。當帶著痛苦的感覺面對外物時，我們恨它。愛與恨並不特別，只是持續時間比較長罷了。一個人不該因愛恨亂了自我生命的步調，役於愛恨而罔顧生命是本末倒置。」

「役於愛恨是本末倒置？」

「是的。想想當你因過於生氣而做出不理智的攻擊行為，反而導致自己受傷，這就是本末倒置。同樣地，當你因愛上某人受挫，頹廢失意，浪費自己的健康與時間，這也是本末倒置。人有情緒難免，但因為一時衝動而被情緒控制，甚而做出無法後悔的傷害行為，可就是無謂的愚蠢了。反省自己的不智，就越有機會在下一次避開它。」

史巴克想起一些因情緒激動而壞事的例子。仔細想想的確是不智的。情感的價值若是在幫助生命，那妨害生命的情感就不具價值，應該避免。

導師繼續補充道：「當因為外在環境而陷入激動情緒，做出不經思考的行動，自我其實是身不由己的。當出於內在的思考而行動時，自我才能控制自己，化為主動。人被外在事物控制的越多，受情感的奴役越多，就離思維越來越遠，意識到這點正是瓦肯人邁向自由的覺醒之路。」

「邁向『自由』？」史巴克沒想到這還與自由有關。

「是的，除了指個體不受外在限制，『自由』也可以指不受自己衝動的情緒奴役，這是『內在的自由』。內在自由是瓦肯人追求的覺醒，也是你要學習的功課。深入理解情緒的原因，將被動轉為主動，慢慢脫離控制因而自由。這就是蘇拉克給我們的教誨。」

「我明白了。了解這些，我就能成為真正的瓦肯人？」

「是的，反省自己是否只是情緒的奴隸。這樣的行為反覆十次以後，你就可以去見神諭。」

「謝謝您，我的導師。」

史巴克最後還是沒有通過測驗，卻陰錯陽差地踏上了另一段奇妙之旅，最後在那段旅程中收穫更多。

Cibala
老師碎碎念

本故事的主角依然是哲學家史賓諾莎。

史賓諾莎對情緒對人的影響很感興趣，他花了不少篇幅分析情緒的本質，認為情緒最終出於個體的自我保存。他認為人對自己與世界的理解越深，越能掙脫無知與偏見，淡然面對世事。或許我們可以用「以理馭情」來簡述他的主張。現代社會人與人之間的關係親密而且複雜，史賓諾莎的理想或許正適用於這時代。

史巴克船長則是我過去喜歡的科幻美劇，星艦迷航的主角，因為背景跟史賓諾莎的思想相關，所以便借用他來說故事。

哲學很有事，你也來試試

☆導師說什麼常是衝動根源。

☆依照導師所言，找出喜歡的原因，有什麼用？

☆依導師所言，一切的物共有的特質是什麼？

☆導師說瓦肯人身上的情緒或情感存在的目的是什麼？

☆導師認為什麼是愛？什麼是恨？

☆瓦肯人所謂「內在的自由」到底是什麼？

隱居者洛克

健全的心靈寓於健全的身體。

英國哲學家　約翰・洛克《教育漫談》

一六八三年，荷蘭阿姆斯特丹。

十七世紀是荷蘭的黃金時代，這個布滿沼澤的低地國家因為新航路與運河開拓，翻身成為歐洲貿易中心。另外，荷蘭政府對思想極為寬容，使此地成為知識分子的避風港。

在阿姆斯特丹城郊，兩個背著木箱的男人魚貫而行。前頭那人身材精壯，衣著華麗，卻是僕人的打扮，應該是貴族的管家。後方那人一臉書卷氣，感覺是知識分子。兩人最後在一間矮房子前停了下來。

帶頭那人以特殊節奏敲著房門，半晌後門打開。開門迎接他們的，是個細瘦憔悴的男人，男人穿著粗麻長衣，頭髮花白，面相與眼神都十分溫和。他打開門讓兩人進來，再小心地把門關上。

「您好，洛克先生。」訪客對屋主道。

「您好呀！伊克先生。」洛克與伊克握手道。

「洛克先生，初次見面，我是莫理斯。」後方那人向洛克介紹道。

「您好，莫理斯先生。」

三人恭維寒暄了一陣子，伊克打開木箱，裡面裝滿了書籍。

「這是給您的新書，公爵要我向您致意。」伊克道。

「感謝公爵，又讓他破費了。」洛克露出感激的神色。

「公爵說跟您進行的著作比起來，這點花費才毫不起眼。他很期待您的大作喔！」

「請替我致上最高的謝意。」

「好了，我的事完了，接下來換莫理斯先生了。」

莫理斯急忙接話道：「洛克先生，今天拜託伊克先生帶我來見您，是有些問題想向您請益。」

「是嗎？」洛克一邊說，一邊準備招待兩人。「兩位請邊坐邊談！我會貢獻微薄的智慧。」

三人坐下談話。

莫理斯道：「我是盧森堡公爵少主的家庭教師。在教育少主的過程中，我除貢獻所學之外，也將笛卡兒的思考方法應用在教育上。」

「以笛卡兒先生的見解想必十分受用。」

「笛卡兒先生的分析深刻，但我卻遇到了應用的困難。這些思考方法不容易直接應用在教育上，在越小的孩子身上就越困難。主要原因是笛卡兒先生所謂理性思考原則……」莫理斯一時想不到如何形容，開始抓著頭髮。

「比較抽象，更適合成人，是嗎？」洛克微笑地道。

「是的。更麻煩的是，跟一般孩子比較起來公爵少主有些天生的障礙。我無法確定這點在目前困難上的比重多少，但總之實際教育進展不順。聽說您對知識與思考的論點與笛卡兒先生有很大的不同，所以想來求教於您。」

「是的。我對知識與教育的看法的確與笛卡兒先生不同。但我無法確定這些論點是否正確，也無法確定對您是否有用。真理既不屬於任何學派，也不屬於任何個人。」

「是的。您的謙虛遠近馳名，但我目前的境況確實需要幫助，還請您不吝分享。」

「那我盡力試試。」洛克側頭思考了一下，然後道：「笛卡兒先生認為所有人天生都帶有一些理性的種子，一些思考的原則，依著原則進行思考，能帶給我們清楚確實的知識。這些原則對知識的研究或許有些幫助，卻會與教育越拉越遠。」

「這是為什麼？」

「那是因為兒童身上並沒有思考原則。我們只要留意一下身邊嬰兒或孩童，就能發現其實人生而無知，嬰兒心如白板。我們沒有出生以前的記憶，甚至沒有嬰兒時期的記憶，正是因為思考是在人心與世界接觸之後慢慢建立，而非生來即有。知識始於經驗。」

「知識始於『經驗』？『經驗』是什麼意思？」

「『經驗』是透過感覺器官獲得的資訊，人的視覺、觸覺、嗅覺收到來自於世界的各色資訊，這些都是『經驗』。思考就是對經驗排序、關聯與比對。思考的基礎不是抽象的原則，而是『經驗』，這是我與笛卡兒先生最大的不同。」

「思考以經驗為基礎？可是明明有許多失去知覺能力的人，卻仍然能夠思考。」

「是的，當人成長為具有思考能力的個體，自然能將思考與經驗分開，但這樣的人『在過去』曾以感官接觸過世界，已經學會了思考。但出生就有視覺或聽覺障礙的人，在理智發展上卻往往異常艱辛。若思想原則天生而具，為何知覺有問題的人卻有思考上的困難？」

「這我沒有想過。」

「經驗又可再細分為兩種。一種是對外界的感覺經驗，這是所有思考的開端。另一種經驗，是人對自己心智活動的意識，也就是反省的經驗，笛卡兒先生所謂思考原則是由反省經驗而來。這兩者中，前者又是後者的基礎，還無法深度思考反省時，我們就已經透過感官接受世界的各種資訊。因此我對於基礎教育與笛卡兒先生有很不一樣的看法。」

「什麼不一樣的看法？」

「須知健全的心靈寓於健全的身體。在一開始，知識更多依賴於感覺器官與身體活動，而非反省。所以在教育的初期訓練孩子的感官與運動可能是更重要的。在你所遇到的案例中，我想運動與感官的加強訓練可能會更有效。」

莫理斯陷入深思。洛克補充道：「加強公爵孩子的感知辨別能力，給他看不同的顏色，觸摸不同形狀的物體。培養固定運動的習慣，注意補充營養，我認為這些反而更能幫助他思考的發展。」

「我覺得這是可行的，至少提出了明確的方向，洛克先生為了我的教學，您能再多解釋思想形成知識的過程嗎？」

「知識始於感官產生的概念，比方說『紅色』或『三角形』都來自於我們的視覺，是思考中最簡單的概念。除了被動接收之外，理智也有組合概念的能力，比方說『紅色的三角形』便是由前兩者組合成的複雜概念。」

「怎樣才能讓人主動組合出複雜的概念呢？」

「一樣也需要不同的經驗來刺激。舉個例子，如果一個人只看過藍色三角形，也許不懂如何組合。可是如果看過兩種以上顏色的三角形，就更容易觸發主動組合思考的機會。兒童理解上的問題大多是因為經驗不足，而非缺乏思考的秘訣。」

「就是多增加各種不同的經驗嗎？」

「是的。」

「好，我大概明白該怎麼做了，請容我問最後一個問題。笛卡兒主義者常強調個人感覺是主觀的，模糊的，甚至是錯誤的，無法構成具有確定性的知識，您怎麼看？」

「我不認為如此。知識是關於世界的信念，經驗是我們與世界接觸的橋梁，從橋梁走向世界再合理不過。笛卡兒主義者強調感官不可信，或許是因為特殊例子，例如溫度與氣味會隨感知者狀況改變。但並非所有感官皆如此。東西的大小、形狀並不是感官捏造出來的，而是占有真實的空間。感官的資訊有部分不可信，但也有部分可信。拿不可信部分來論證可信的部分也不可信，便是理性的誤用了。」

莫理斯回道：「可是笛卡兒主義認為連視覺也不可信，如果完全相信視覺，我們會覺得筆桿在水中是彎的，路兩側在遠方交在一起，這些都不是事實。經驗必需要透過理性的指導方能作用。」

洛克微笑回道：「這些例子都只是單方面解釋所造成。在水中筆桿仍是直的，其實是可以用觸覺確認的。遠處的路不會相交，是因為我們也能移動到遠方去看。感官經驗不是只有一次性的接觸，而是有許多不同方式進行觀察。這些例子代表的不是理性與經驗的對立，而是我們如何更深思熟慮地組織自己各種不同的經驗。」

「原來如此，您的思考能力真是令我歎為觀止。」

「以上是我大致的想法。我所知的一切也是根據我自身的有限經驗得來的，我認為一個人即使掌握了再多的知識，對自己的觀點抱持一些懷疑，對別人的說法採取寬容的態度，是很恰當的。」

「我大致上了解了，今日思考上的收穫難以計量，洛克先生，太感謝您了。」

莫理斯回到盧森堡公爵的領地後，開始用經驗主義的方式進行教育，十分成功。洛克後來也洗刷刺殺國王的罪名，在一六八八年成功地返回了英國，成了英國經驗主義的鼻祖，終身獻身於真理的探究。

Cibala
老師碎碎念

本故事介紹的是英國經驗主義者洛克（John Locke, 1632.8.29–1704.10.28）。洛克是十七世紀代表性思想家，在一六九〇年的《人類理解研究》這本書中，他提出了與當時以笛卡兒為首的理性主義者完全不同的思考觀點，是英國經驗主義的重要始祖。

除了知識觀點之外，洛克在所有與知識相關的立場也都採取不一樣的態度。洛克一六九三年出版了一本《教育漫談》，這本書對教育的影響極為深遠。本故事採取了混合他的知識觀與教育觀，並以此突出經驗主義的一致的看法。

最重要的或許是洛克一六八九年出版的《政府論》，這是本自由主義的代表性著作，也間接影響了美國革命與法國大革命，這是我們下一個故事討論的主題。

哲學很有事，你也來試試

☆ 莫里斯提到他遇到的困難是什麼？

☆ 洛克認為笛卡兒的思考原則會與教育愈拉愈遠的原因是？

☆ 洛克所謂「經驗」是什麼？

☆ 莫里斯問失去知覺能力的人，卻依然能思考，洛克如何回答？

☆ 洛克認為經驗主義的教育看重的是什麼？

☆ 對於感官經驗收到的資訊有時是錯的，洛克怎麼回應？

☆ 洛克認為身體的健全跟心理健全環環相扣，你覺得這兩者之間的關係是偏向無關還是相關？還是你有其他看法？

☆ 你覺得身體健康跟心理健康有關嗎？有沒有自己的例子可以說明？

斯巴達克斯

腳鐐即使用黃金所鑄，也沒有人願意戴上。

約翰·雷（《英國諺語大全》）

西元前七〇年，山南高盧。

春夏之際，晴空萬里，一隻展翼大鷹自空中掠過，鷹翼底下，是綿延不斷的車隊與人群。一群從羅馬各地逃出的奴隸正舉家帶眷往西北方向前進。

斯巴達克斯帶領著他的同胞，更好的說法是同伴們，翻山越嶺來到這片羅馬當時還未能完全控制的土地。他們盡可能往西北方移動，遠離羅馬軍的控制範圍。

輕甲掩不住健美身形，不敗的角鬥士搭配上戰略天才的頭腦，英雄斯巴達克斯帶領羅馬奴隸起義，擊敗了當時所向披靡的羅馬軍團。但斯巴達克斯不忍戰火綿延，選擇轉進，他渴望回家，或建立一個自由安穩的家。

「克雷斯！」斯巴達克斯向遠方大喊。

克雷斯是他的摯友兼副手，雖然個性衝動，但勇敢忠誠，並永遠以斯巴達克斯的意見為先。

「我來了。」克雷斯道。

「我要你把族長們集合起來，我有話跟他們說。」斯巴達克斯回道。

「族長們早已經集合好了。」

「集合好了？」

「是的，早都集合好了，準備等您宣布成為新的國王。」

聽到這句話，斯巴達克斯皺了一下眉頭，回道：「好，我知道了。」

斯巴達克斯同克雷斯到了眾人聚集的會場，會眾約兩百人，這是隊伍中各個不同家族的族長，是人群中比較具有思想，能領導家族的人。斯巴達克斯要讓這些人了解接下來的發展方向。

斯巴達克斯走上講臺，腳步輕盈而不沉重。一轉身，如雄獅般威武的眼神震驚全場。眾人先是一呆，接著有人開始熱烈地歡呼、鼓掌與叫好。斯巴達克斯安靜不語，幾分鐘後，會場恢復了一開始的平靜與嚴肅。

斯巴達克斯趨身向前，面對著這一群深愛著他，也是他所深愛的同伴們，吐露心聲。

「我摯愛的同胞們。今天以前，我們先是羅馬人的奴隸，後來是羅馬的罪犯。但這一切都已經過去，我們成功地從俘虜營中逃脫，不只一次地擊敗追殺的羅馬軍團，跋涉千里來到這裡。我們平等均分所有的財物，不行偷竊搶劫之事，不放棄任何的老弱婦孺。我們做到了，從來沒有人做得到的事。」

「有人說神明站在我們這一邊，我對神明站在哪邊一無所知，但如果神明一開始就站在我們這邊，這裡的人就應該出生在溫暖的羅馬人家庭，而不是鐵欄杆裡。今天我們能站在這裡，首先要感謝我們自己，是雙腳載我們移動，雙手互相扶持，眼睛辨明方向，頭腦清楚聽令。我們自己做到這些事。如果今天神明站在我們這一邊，那麼是我們使祂移動到這一邊的。」

眾人為斯巴達克斯與自己歡呼。

「從今天開始，這裡的每個人都自由了。我們不再用過去羅馬人對待我們的方式對待彼此。我們逃離了羅馬人的監牢，也要逃離羅馬人錯誤的想法。錯誤的說法會繼續禁錮我們的心靈，而心靈是身體的主人。」

群眾逐漸從激動中恢復平靜，專心地繼續聽演說。

「羅馬人曾說有些人天生又懶又蠢因而適合為奴。這說法只是藉口，除非把所有愚蠢懶惰的羅馬人貶為奴隸，並且把聰明勤奮的奴隸升格為市民。民族與人種的差異僅因為幾個人就被誇大了，成了金科玉律。我們也要警惕自己，絕不以這個理由奴役任何民族的人民。」

「我們得重新思考如何組織社會。有些人認為，人類只會受到『恐懼』與『欲望』的驅策，人類所有行動都是基於兩者之一或混合，人類若順性而為，必將引致全面的鬥爭與殘殺。這是不對的，因為這種說法忽略了人類的『理性』。」

「身為萬物之靈的我們具有理性，我們不是靠著刀劍與力量就能走到這裡，因為羅馬人的刀劍要比我們更為精良。我們憑藉著頭腦，理性賦予我們判斷力，做出正確的抉擇。理性的靈魂是人類的動力，讓我們透過思考追求幸福，甚至，大自然賦予我們的理性中，其實原本就含有公共生活的規律。」

「不需神啟，也不需要任何人或文化來規定，所有人的心中都存在著公共生活的基本守則：自然法。『自然法』告訴我們，我們有權保存自己的性命，保存別人的性命，不應強奪他人財物，不該傷害他人。在自然法的範圍內，人享有選擇自己行動的自由，支配自己財物的自由；不需要請求許可，也不要依從任何旁人的意志。」

「自然法教導我們人人皆平等獨立，任何人不該損害他人的生命、健康、自由或財物。在自然法的規範下，我們需要尊重他人的生命權、自由權以及財產權，並且也如此被尊重。所有人天生自由而且平等，這才是人類應該追求的社會，這才是我們組織社會的目標。」

「雖然依著自然法就能組織社會，世界卻因人口眾多而漸漸複雜，公共事務、爭端調解的數量也日益增加。一個新的專責機構：政府，就誕生了。人們透過約定的方式建立起政府，期待政府能更有效的統治。但是，政府的統治絕對不能違背自然法，它是為了貫徹自然法而生。政府必須承諾保護每一個個人的生命、財產與自由權。政府是為了服務人民，而非人民是為了服務政府。」

斯巴達克斯說到此，理解的聽眾眼睛都為之一亮，在這個時代幾乎沒有人抱持這樣看政府的觀點。

「政府出於人民的約定，被人民賦予了任務。因此，如果政府不能保護天賦權利，無法促進公共善，這代表政府本身意義的喪失，人們有權推翻政府，這就是『革命』。『革命』起於對政府功能的責成，就好像修理損壞的鐘錶一樣。違背自然法的政府就是失能的政府，推翻失能的政府是正當的革命。就像羅馬政府違背了人人平等的自然法，我們的革命是再正確不過的事。」

「我不願成為國王，因為君主並不是保護天賦人權最有效的政府。政府如果有過大的權力，就很容易干涉到天賦人權，而政府對人權的侵害要比個人更嚴重。為此，我們要建立平衡的政府，不應把權力集中在同一部門。制定法律的權力，與執行法律的權力必須被分開。如果執行法律者又能制定法律，那他便能為自己的行為提供完美的合法保證了。但若將兩者分開制衡，立法者畏懼執法者的執法，執法者只能執行立法者制訂的法律，便能有效限制政府的權力。」

「我們接下來將在這裡建立這個政府，我們會把這個地方叫做家。我不求這裡比羅馬還要強大繁盛，那不是建立政府的目標。我只希望這個家裡面的每一個人，都能比羅馬的每一個公民還要來得自由與快樂。所有人的自由與快樂才是政府最後的目標，而不是奴役他人，也讓自己變成禽獸。」

斯巴達克斯的演講結束，眾人歡呼聲不斷，這個新的國家從今天開始建立。

不過很可惜，這一切並不是真的。這是一個夢境，一個安息死者的夢境。

鮮血從斯巴達克斯的頭頂留下，流過他輕闔的雙眼，他的鼻子再也沒有了呼吸，斯巴達克斯在達成畢生夢想的夢境中死去。他死在十字架上，他的同伴與同胞多半與他命運相同。世事難料，不過抱著夢想死去的他們，相對於一時得勢的羅馬人，更成為後世崇拜景仰的對象。

Cibala
老師碎碎念

本故事雖然寫的是斯巴達克斯，但文中所描述的其實是洛克的政治哲學。文中描述了洛克對天賦人權、社會契約論、對政府責任的責成、人類心中的自然法、政府分權制度以及正當革命的觀點。

雖然在今天洛克的說法已成為一般人心中政府的標準樣式，但在當時這依然是很新潮的思想。除了英國之外，鮮少有國家能尊重人的天賦權利，下一世紀的美國革命的憲法才充分體現了洛克天賦人權的概念。

但英國一直要到十八世紀末才開始廢奴，也就是說斯巴達克斯如果生在英國，依然是有可能當奴隸的。這也只能說是歷史有他自己的腳步，歐洲世界要一直到十九世紀才完全廢除了奴隸制度。

哲學很有事，你也來試試

☆羅馬人曾說有些人因為天生懶惰且愚蠢而適合為奴，斯巴達克斯贊同這種看法嗎？為什麼？

☆斯巴達克斯如何批評論為何人的行動只受恐懼與欲望支配的理論？

☆斯巴達克斯認為「自然法」告訴我們什麼？

☆斯巴達克斯認為當政府失去應有的職能時，人民應該怎麼辦？

☆斯巴達克斯對政府的權力分配有何看法？

☆斯巴達克斯認為政府的目的是什麼？

☆人不應傷害別人的生命、身體以及財產，你認為這是自然存在於人心中的，還是後天教育的產物？為什麼？

☆洛克認為對失能的政府進行革命是正當的，你同意這種觀點嗎？為什麼？

☆ 你認為，政府機構存在的目的是什麼？

☆ 你覺得革命是正當的嗎？如果有無辜的人因此而犧牲，會不會減少革命的正當性呢？

惡與完美的對話

人人為自己，上帝為大家。

英國諺語

一七一五年，漢諾威。

神聖羅馬帝國漢諾威的一處民宅裡，有兩人正以嚴肅的表情交談著。

牧師：「你好。我是牧師。」

無神論者：「不用這麼客套了，目的是傳教嗎？」

牧師：「我抱著希望而來，若能將福音傳給你，將是我的榮幸。你的智慧過人，讓我的同事吃了不少的苦頭。」

無神論者：「那想必你也是有備而來。」

「我向我主禱告了許久，才決定要來的。」

「誇耀敬虔對我不管用，我思考行事全看理性，凡事禱告在你那裡享其美名，但對我來說只是種心理疾病。」

「說到理性，你不覺得，就理性的角度而言，宇宙該有個起源嗎？」

「若宇宙有起源，起源就非得是上帝嗎？」

「是的，我認為這是合理的。」

「依照希臘哲學，宇宙起源可以是水、火、氣或任何東西。」

「但這些都是『受造物』，受造物不也需要被『創造』嗎？」

無神論者微笑道：「造物者跟被造物者都只是宗教人士自圓其說的工具罷了。泰利斯的『水』就不需要造物者。如果萬物都需要造物者的話，造物者本身也需要另一個造物者。如果造物者不需要另一個造物者，那水也可以不需要。你認為造物者不需要，水卻需要，那只是因為你已經接受了信仰而已。」

牧師嘆了一口氣道：「看來你對理性非常堅持。」

「說實在話，我們也不需要一一討論千奇百怪的上帝證明。我只想問一個問題，如果你能好好回答我，讓我滿意，你就可以完滿地達成使命。」

「那自然就願聞其詳了。」

「這不是個新問題，伊比鳩魯派曾提過，甚至《聖經》的〈約伯記〉也有這問題。我把它叫做『惡的問題』。」

牧師覆述道：「惡的問題。」

無神論者：「是的。『惡』並非指道德上的『邪惡』，而是指痛苦、苦難、不公平或不完美。約伯因意外無故失了親人，這帶來了痛苦與不公。惡人遭報罪有應得，但現實世界中好人也不能免於橫禍。有時大難臨頭，連小孩與懷抱中的嬰兒亦無法倖免於難。不用說犯罪，這些孩子連做決定的能力都沒有。這些不公平的痛苦與災難，不正是對完美的上帝的諷刺嗎？」

問題成形，牧師開始嚴肅地思考著。

無神論者補充道：「人世間充滿了苦難與不完美。如果上帝創造萬物，那這些苦難必然也是創造的一部分，但完美純善的上帝為何會創造出有缺憾的事物呢？再者，現世已經存在著苦難與不完美。上帝為何不改變一切呢？上帝若全知，祂不可能不知道苦難。若全善，祂不會不想終結苦難，若全能，則祂不可能無法終結苦難。既然知道並想終結掉世上苦難，又有能力做到，那上帝的存在必然會讓現世的苦難完全消失。由此可知，上帝不是不存在，就是不關心世界。」

無神論者說完這段，露出了滿意的表情。牧師則是喃喃自語了好一陣子，才重回對話。

牧師：「雖然你剛開始說是一個問題，但其實也可以分為兩個。第一題是『惡』為何會被創造。第二題是，『惡』為何持續至今，對嗎？」

無神論者：「是的。這兩個問題的原因都是『惡』的存在。上帝造惡，表示祂其中有惡。上帝允許惡，表示祂其中有惡。這真的是你的信仰嗎？」

牧師：「我試著回答看看。聖奧古斯丁曾談過惡的問題，他認為惡並非實體，而僅僅是善的『缺乏』，上帝並非惡的原因，因為根本沒有惡，我們以為的惡只是善的『不足』罷了。好像一個人不如富人有錢，不代表他真的缺錢。只是人心渴求無限，因此認為缺乏善就是惡，上帝並沒有創造惡。」

「這講法很難說服我。」

「為什麼？」

「因為這違背了我們直接的感受。因為殘缺、恐怖、痛苦、悲傷這些不好的感覺都是直接感受的對象。有誰會在被鞭打時說，痛只是舒服的缺乏，在痛失親人時說，這裡只是少了靈魂，面對審判不公，還要說這審判的確公平，只是還不夠多罷了。即便把『惡』替換成『善的缺乏』，我依然想問，上帝為什麼不造『更多的善』呢？」

牧師：「好人忍受苦難之後會有上帝加倍的祝福，這正是〈約伯記〉所述說的。」

無神論者：「但現實世界中並非每個例子都有好結局，約伯的例子只是更加諷刺罷了。上帝至少不該讓幼童與好人受苦，不是嗎？」

牧師再度陷入了沉思，無神論者臉上有得意的神色。

牧師認真思考之後回道：「要完整解答惡的問題，必須意識到我們總是以個人的眼光了解世界，但上帝考慮的是世界整體。由個人眼光來說世界雖有缺憾，但整體仍是完美的。這就像藝術家的努力並非讓畫上每一小塊完美，而是為了整幅圖的美好。現實世界整體而言是完美的，因此上帝允許惡的存在。」

無神論者：「畫家的例子或許有助於解釋你的意思，但若欠缺合理的理由，我只會把這當作宗教人士的偏激思想。」

「我正努力解釋它的合理性。即便無神論者如你，也清楚宇宙中事物並非毫無關聯，而是依循自然律運行。上帝對待世界也是以這個角度來思考的，不管好人壞人，從屋頂上跌下都會跌傷，完美的世界必需依自然律運作才行。」

「我不懂為什麼完美的世界必須依自然律運作。」

「因為有許多真正有價值的事物需要自然律。自然律不但對知識必要，對美德也不可或缺。如果自然世界變化無常，好人服毒不死，壞人無故而亡，我們便無法推敲因果，分門別類，累積知識。若當壞人謀害好人，好人卻能不死，我們便無法說謀殺是惡的，因為根本不可能謀殺。勇氣並不可敬，只要理由正當就沒有危險。忍耐也不可能，因為痛苦上不了正義者的身。知識與美德都追求著比單純結果的好壞更高的價值，不是嗎？」

無神論者沉默不語，陷入了沉思。

牧師補充道：「人類自豪的精神文明，在沒有自然律的世界中都是無意義的。越認識自然，就越會發現萬事萬物背後都有理由。肉食動物捕食草食動物看似殘忍，但能減少植物消耗的速度，讓生物群長久存活。穀物放置過久而腐敗，對人類來說是損失，卻能滋養地力與昆蟲。上帝依規律造成並維持宇宙，祂考慮是世界整體的狀態。」

無神論者：「自然規律或許不可或缺，但單一事件也如此嗎？歷史上有些事件可以出現也可以不出現，比方說某些突如其來毫無理由的天災，奪去了無辜的人，甚至是幼童的性命，你仍要說這是最好的結果嗎？」

「我們往往只注意到事件壞的一面，沒發現好的一面。尼羅河水患雖為災害，卻同時帶來肥沃的沖積土壤，養活更多的人。單一事件往往只是自然運作的結果罷了，認為能在歷史中隨意更動某些事件，常出於對歷史與自然的無知，這一切都是作為完美世界的一部分而存在著。」

「我依然很難理解，上帝眼中的完美世界有什麼價值。無辜的好人死去了，無知的幼童死去了，嬰兒死去了，連虔誠祈禱的信徒都死了，就因為放眼全宇宙的完美，我們就要跪下來感謝上帝創造了『最美好的世界』？」

「這時感謝或許很荒謬，但深入思考才能認清事實。從整體角度想，人類的苦難可能是有益之事。」

「這我就恕難從命了，除了自虐的瘋人之外，我不相信理性成熟的人能接受這種觀點，這種解釋無法通過我的良心。我們是不可能有共識的，因為到了最後一關，你還是會選擇你的信仰，而我還是會選擇我的良心。」

「但我相信這種選擇是可以理解的，我們或許從不同的背景、角度、價值判斷走到了不同的結果，但我們仍同在上帝所創造最美好的世界中。」

無神論者與牧師最後仍無法說服彼此，在這個不確定是不是最完美的世界中。

Cibala 老師碎碎念

本篇故事的主角是理性主義哲學家萊布尼茲（德語：Gottfried Wilhelm Leibniz, 1646.7.1–1716.11.14）。萊布尼茲是近代數學家、哲學家以及神學家。微積分發明者之一，現代邏輯的先驅者，又涉及神學問題，甚至對東方文化有研究，可謂當時有名的博學者。

萊布尼茲有本護教的著作討論「惡的問題」，解釋善良的神與現實的惡如何能不衝突。他一方面以奧古斯丁的觀點為基礎，另一方面加入「最完美的世界」的看法，以理性捍衛對基督宗教的攻擊。萊布尼茲的回答到底能否被個人接受，或許因人而異，不過透過理性思考去面對問題，並試圖解決問題，仍然是很好的思考典範。

哲學很有事，你也來試試

- 牧師第一個提出支持上帝存在的論點是什麼？
- 無神論者如何回應牧師前一段的觀點？
- 牧師把無神論所提出的「惡的問題」分為哪兩個問題？
- 牧師如何引奧古斯丁的觀點回應惡的「創造」問題？
- 無神論者如何回應第四題中的觀點？
- 牧師提到完美的世界必需要有什麼？
- 你覺得兩人的觀點誰比較能說服你？
- 有些看起來暫時不好的事情，時間放長後卻可能反而是好，試著舉出一個你想到的例子。

牛頓與魔像

自然與自然律隱藏在黑暗中，神説，讓牛頓去吧！
萬物遂成光明。

英國詩人　亞歷山大·波普

一七二〇年，英國倫敦。

「我才沒有瘋。」

雙眼炯炯有神的牛頓爵士，以工具裝配著一具人形鐵偶，鐵偶高度超過三公尺，全身布滿精巧的槓桿與齒輪。

「接著得看生命之水的作用了。」

牛頓想做出能如人行動甚至思考的機器人偶，或許就叫「機器人」吧。眼前的機器人名叫「亞當」。亞當已經能依牛頓輸入的指令動作，只缺具有獨立思考的靈魂。他因緣際會獲得一瓶名為「生命之水」的液體。據說，生命之水能賦予無生命物生命，牛頓對此存疑，不過身為科學的信徒的他，仍抱持著實驗精神試看看。

牛頓將生命之水裝入模擬靈魂中樞的機件，連接好指令的管線。他本無所期待，但接下來的事件嚇壞了他，亞當的腿動了一下。

「是我眼花了嗎？」正當他這樣想的時候，亞當的腿又動了一下。

「天哪！真的有用。」牛頓大喊。

牛頓開始了等待的日子。亞當彷彿出世孩子慢慢學著操控身體，從動腳到動手指，從站立到走路。牛頓用折射機制將光線引入亞當的靈魂中樞，發現亞當對光線變化有反應，會依光線調整動作。兩個月過去，機器人亞當已能自主移動。

「得想辦法與他溝通。」

牛頓想出的辦法是手語。他嘗試用手勢的變化讓亞當理解事物具有名稱，牛頓展現出無比的耐性，光這一點就花了三個月，然後是各種名詞、動詞、語句等。再經過八、九個月，牛頓終於能與亞當使用手勢溝通。

這一年牛頓足不出戶，單獨在城堡裡說話大笑，有傳言說他已經瘋狂。不過他不在乎，亞當就是他的一切。牛頓準備教給亞當人類最重要的珍寶，知識。

「父親，今天有實驗需要我幫忙嗎？」

「沒有。今天我想同你介紹我寫的書。」牛頓以手語回答。

「您寫的書，我都十分有興趣。」

「你現在的思考能力，應該可以開始學習知識了。」

「您曾說知識是人類永恆的寶藏。雖然我不是人類，但我真有榮幸可以學習知識嗎？」

「永恆的你比人類更適合守護知識。《自然哲學的數學原理》研究物體運動的原因，分析出運動定律，並以天體為例，解釋物體運動如何符合運動定律。不過在進入正式內容以前，我想先談談科學工作的地基。從上個世紀開始，科學進展就有賴於科學家有意識地依著某種方法進行研究。我以下要說的，就是我所理解科學家研究的方法。」

「是的，父親，我會盡全力理解。」

「首先，科學研究的是事物運動變化的數學法則，而且僅止於數學法則，而非事物真正『是』什麼。亞里斯多德到笛卡兒都沉思並爭論著事物的本質，但這種爭辯，並無真正益處。只有找出運動變化的數學規律，明確地以數學計算，解釋並預測物體的運動，才是科學的要務。」

「父親，我不太懂您的意思。」

「舉個例子，如果你發現每天早上九點，某位女士都會經過你窗前，那麼這一條規律，就比這個女士為什麼經過窗前更重要。有哲學家認為重要的是她每天經過窗的理由，但我們其實並沒有證據去假設，女士每天這樣做一定有相同的理由。上帝以永恆的數學法則推動世界的運行，儘管有限人類參不透上帝造物的奧秘，卻可以透過數學法則理解萬物變化的奧秘。」

「原來如此。那我確實把這個方法輸入與紀錄了。」

「第二，因為科學考慮的僅僅是合資料與否，自於實驗觀察歸納出的數學定律，若有與之相衝突的資料，理論又無法修正，則此理論為假。反之，任何理論若無觀察或實驗的資料與之衝突，則必須視之為真的或近於真的。」

「不與資料衝突的理論，就可以視為真的。」

「是的。科學定律獨立於權威與愛好，只就邏輯與資料思考，與現有資料相符的理論就可以視為是真的。有些人因為崇拜或喜歡笛卡兒的理論因此不接受我的理論，這種非出於資料與邏輯的判斷，不影響理論的真假。科學是數學的法則，科學的真假完全建立於資料與邏輯之上。」

「原來如此。我確實把這個方法輸入與紀錄了。」

「那我繼續解釋第三條。探求自然現象之原因時，除了解釋現象必不可少的數學規律之外，不應增加其他條件。」

「這我完全聽不懂。」

「舉個例子，假定月球運行的軌道可以用重力定律解釋。但又有人提出，除了重力定律之外，他院子裡的一棵老樹也會影響月球的軌道。你覺得這說法如何？」

「我想這並不適切，除非我們能發現這棵樹怎麼影響月球的軌道，否則就是把不相關的事情牽扯進來。」

「是的，這就是第三原則的應用。對結果而言，原因必須是不可少的，而不是可有可無的。當河川潰堤時，堤防破損是不可少的，河神發怒卻是可有可無的，除非我們發現河神影響的證據，而且將之寫成數學的規律。這條方法是用來排除沒有影響力的因子。科學研究貴在專注，把沒有影響力的因子牽扯進來，只是浪費時間。讓原因盡可能單純，思考盡可能集中，更有益於科學研究。」

「所以除了能用數學規律說明的部分，科學不需要假設其他概念來解釋，不是嗎？」

「是的。」

「那靈魂呢？」

「什麼意思？」

「如果人類，或者我，所有活動都被身體的機械運動，或者運動定律完全解釋，那這是不是意味著，科學的觀點是意識背後根本沒有靈魂？或靈魂是可有可無的？」

這是個難題，牛頓思考了一下之後回道：「這我不知道，我需要想想。」

「那我理解了。也把它輸入紀錄了。」

「跟你解釋科學方法讓我有點疲勞了呢！今天就先到這了，明天再說吧！」

當晚牛頓儲藏化學物品的實驗室因不明原因爆炸起火。察覺狀況的亞當試著控制火勢，卻無法成功。

熟睡中的牛頓爵士的臥房門，被一具鋼鐵魔像撞開。

「父親！」亞當以手語對牛頓道：「實驗室起火了，我無法控制住火勢。」

「什麼？」

「來不及仔細解釋了，父親，請相信我，我得趕快帶您到安全的地方。」

亞當用塊木板把牛頓架在肩上，希望自己身體的溫度不要上升太快，免得燙傷父親。亞當直接穿過著火的中庭，魔像雖然不怕火，但隨著溫度升高，亞當動作卻感覺越來越遲鈍。

「亞當，你怎麼了？」

「父親，我好像越來越慢了。」

牛頓想到，魔像身體雖不怕燒，核心中的生命之水卻可能汽化。

於是回道：「你先衝出去吧，我能自己走了。」

「不行！」一根著火的木柱掉下來，砸向牛頓，亞當一記鐵拳將木柱擊飛。

「我一定要送您到安全的地方。」火越燒越大，房子各處不斷坍塌。

接下來是一段無言的旅程，好幾次崩塌，都被亞當有力的鐵臂擋下。兩人終於走出了火場，不過亞當的狀態非常奇怪，好像在夢遊一般。

「亞當你還好嗎？」

「父親，千萬別過來。我的身體非常燙。」

「我們得快點降溫。」牛頓想到最近的河流也要走兩公里，他不確定亞當是否能走那麼久。

「父親，來不及了。」亞當繼續比著手語：「您安全就太好了，只是我可能得先走一步了。」

「不可能，你是魔像，你是永恆的。」

「其實對我來說，只要在父親眼中是永恆的，亞當就已經滿足了。」

魔像亞當眼神漸漸變空洞了，最後成了沒有動力的鐵偶。而因為金屬身體太燙，牛頓只能站在旁邊觀看。

牛頓大宅的火延燒了半天才結束。牛頓損失了所有財產，但他只在意魔像亞當。因為不知道生命之水的配方，只好重頭試起。不過一直到死都沒有找到。

Cibala 老師碎碎念

本篇故事的主角是牛頓（Sir Isaac Newton, 1643.1.4–1727.3.31），英國物理學家，天文學家，煉金術士。牛頓是近代科學最具代表性的人物，三大運動定律為物理學界，甚至是自然科學界樹立了永遠的典範。

除了力學革命，牛頓對光學的研究，發明了反射式望遠鏡，並用菱鏡成功解析白光。他在微積分上的貢獻（當然這也與物理學相關），更讓他在數學史上留下不朽的地位。

本故事取自牛頓的《自然哲學的數學原理》一書，內容部分出於牛頓，以及他所涉入的力學爭論。另一部分也出於一七一三年幫他校訂並寫編者序的羅傑科茨。這位與牛頓合作的編者在序中談了許多天文物理學的方法論，並突出牛頓哲學的特色。我盡可能將具有哲學趣味的部分以討論科學方法的方式呈現。

了解這些觀點，能更清楚十八世紀牛頓時代對科學的看法。最後帶到了一點機械論與靈魂衝突的討論。

哲學很有事，你也來試試

☆牛頓所提到『科學的方法論』是什麼意思？

☆牛頓所謂科學的方法的第一條是什麼？

☆牛頓所謂科學的方法的第二條是什麼？

☆牛頓所謂科學的方法的第三條是什麼？

☆如果能用機械作用說明人類的思考，那是不是就代表沒有靈魂？

☆你認為有靈魂嗎？為什麼？

柏克萊之夢

若人欲了之，三世一切佛；
應觀法界性，一切唯心造。
《地藏菩薩本願經》

二〇一八年，臺北。

「小姐！借過！」

推著病床的護士嗓門不小，不過在吵雜的急診室，也只能算是正常音量。病床迅速平移，從一張張無助的臉旁經過。現在半夜一點，病床上有一名白人男性，三十至四十歲的年紀，看來沒什麼外傷，但據說來自於一場嚴重的車禍。

白種男人的床被拉到最前面，但不是因為種族優越，而是因為其嚴重性。他身邊很快聚集成一支隊伍：一名醫生，一名老練的護士，一位年輕護士，還有一個跟他一起來的臺灣女子，一臉恐慌。

醫生向女子道：「他撞到哪裡。」

「撞到肚子。」臺灣女子哭叫道。

「他有沒有說肚子痛？」

「有。」

「快推去照片子。快！」醫生回道。

「你跟我講一下撞到的詳細情形。」老練的護士道。

「我不知道，我什麼都不知道。」臺灣女子回道。

「小姐。你沒受傷吧？」醫生問道。

「沒有。你不要問我，我昨天才認識他。」

「他是來臺灣工作還是旅遊？」老練的護士道。

「不知道。」

「你身上是不是有他的東西。」

「有。」臺灣女子回道：「裏面沒多少錢，我沒拿，我沒拿。」

老練護士根本不想繼續糾纏，打開了男人的皮夾。「他有健保卡。」

醫生接過他的健保卡道：「喬治．柏克萊……」

「我不知道，我不知道他有健保卡。」臺灣女子搖頭道。

老練的護士道：「你在這邊等警察來，作完筆錄就可以走了。」

臺灣女子道：「那他呢？他會怎麼樣？」

醫生搖了搖頭道：「喬治．柏克萊的命運只有神知道了。」

經緊急開腹手術之後，柏克萊撿回一命。兩天之後，脫離險境的柏克萊終於從昏迷中醒來。他不會說中文，但照顧他的醫生英文不錯，以英語與他交談。

「你是從哪一國來的？」

「愛爾蘭王國。」

「你來臺灣多久了？」

「臺灣是什麼？我只是在住的地方祈禱，一瞬間就到了這裡。」

「臺灣就是『這裡』。這怎麼可能？你還有健保卡。你是過來工作的人嗎？難道你祈禱飛到臺灣，還會帶著健保卡嗎？」

「我不知道你說的健保卡是什麼。我祈禱的是，請上帝為我證明，『存在就是被知覺』。」

「你到底在說什麼啊？」

「不，不用擔心，上帝已經為我證明了一切。」他從床上突然起身，然後跪在地上虔誠地祈禱，像是所有的傷都好了一般。他禱告完之後不自主地東看看西摸摸，彷彿對周遭環境非常陌生與好奇。

「你不要亂動，傷口很容易裂開的。」

「你再說一次這裡是哪裡？」

「臺灣，臺北，××醫院。」

「這周圍的東西，這到底是，這到底是什麼樣的時代？」

「什麼時代？今年二〇一八年啊！」

「二〇一八年！」

「二〇一八年都快過完了。」

「感謝主，一切真的是知覺。」喬治．柏克萊再度直接跪下祈禱。

「他是撞到頭了嗎？」一旁的護士道。

男子終於祈禱完，醫生繼續與他溝通。男子自稱是十七世紀的愛爾蘭人，是一位主教。他雖然有看來正常的健保卡卻掃不出資料，醫院頭一次遇到這種狀況，也不知道該拿他怎麼辦。

醫生用極為認真的語句，再問了一次：「你到底是誰？」

「我是喬治．柏克萊，愛爾蘭苛克郡洛音鎮的主教。我生活的那年是一七四五年。」男子回道，語氣與眼神都十分誠摯。

「這不可能，你說的是過去的事。」

「那只是因為對你們來說我是過去的人。可是我卻活在那兒，只是因為祈禱而來到了這兒。」

「這不可能，你說的那個時代離現代有幾百年，還有幾百，不只上萬公里的距離。」

「那是對你而言，對我來說，只有知覺到不同世界的差異。」

「這我不懂。」

「那是因為你深信，你所知覺到的物體，行走或目測到的距離，你伸手所觸及或揮動的空間，都是『真實存在』的事物。但其實唯一真實存在的事物只有你的『心靈』，你現在的『意識本身』而已，這意識背後的整個世界都只是你設想出來的。」

「你到底在說什麼？」

「你以為真實的是意識背後的物質、物體、空間、運動、物體的歷史所構成的世界。但其實，世界就是你所知覺到的一切。存在即是被知覺，而當我一眨眼，知覺到了你的世界中的物，所以跟你在同一個世界。」

「如果你不與我在同一個物質世界，你怎麼能跟我知覺到同一個物？」

「你回的太好了！應該這樣說其實你、我還有所有人的心靈都是存在的，但我們知覺到的根本不是物質世界，而是上帝安排設計的心意識。是上帝使我們知覺到同一個物。上帝統治著所有的心靈，以致於，雖然我們無法直接感知到物質，祂依然協調了一個讓我們可以互相溝通，並信以為真的世界。」

「你是想要傳教嗎？」

「不是，我只是想與你分享我所知的真實。物質世界再怎麼變化，真正的存在還是你所意識的一切。千萬不要被物質世界迷惑了，那才是真的身外之物。不管你有沒有信仰，都不該被物質世界迷惑。」

「所以你能說你到底在哪工作了嗎？」

「我不知道，因為我是被上帝帶過來這邊的。你們的國家可能會因為無法辨識出身分，把我送到哪裡去嗎？」

「我不知道，也許你會去精神病院，所以你最好快點說。我覺得去那邊不會是個好主意。」

「送我去吧！我確定有一天我主會來接我走的。」

在此之後又過了兩天，柏克萊的表現一直很正常，除了強調自己是十七世紀的人之外，就是個正常溫和的人。

柏克萊住院後的第三天，晚上近九點。

護理站的護士問道：「醫生，英國辦事處那邊也無法查到柏克萊的資料。那他的治療費用到底要誰來出？」

「他痊癒的速度快得驚人，但也不能現在就把他直接扔出去吧？會丟醫院的臉的。單據都整理保存著，某一天一定會有人來領他的。還真有喬治·柏克萊這個人。」醫生一邊點著滑鼠，眼睛盯著螢幕，一邊回道。

「真的假的？」護士回道。

「真的，維基百科上面就有，說他是個哲學家。他是愛爾蘭的主教，經驗論的哲學家。還有這句『存在就是被知覺』，好像是他的名言。」

「天啊！那這樣他說的豈不都是真的？」

「別傻了，這誰都能查得到的資料，隨便背一背就能唬人。我比較好奇的是他為什麼這樣做，他的談吐不像付不出醫藥費的人。」醫生接著起身道：「不管如何，我要下班了。」

「掰囉！」

醫生下樓後，趁著時間還早，跑到醫院前面的小公園抽根菸。只是他沒預期在那裡遇見了柏克萊。

「柏克萊先生，快到就寢時間了。」

「你好，醫生。不知道為什麼，我今晚特別想家。醫生，你手裡拿著的那是什麼？」

「這個啊，香菸，跟酒一樣的東西。如果你是神父的話，可能不能用。」

「沒關係的。醫生，我想問，你們這天上的星星原來就這麼少嗎？」柏克萊邊說邊指指星稀的天空問道。

醫生回道：「不是的，或許是燈太亮了，星星看起來就變少了。」

「從我來到這個世界以後，發現的都是以前世界沒有的東西，第一次發現東西居然變少，真令人驚訝！醫生那是什麼？」柏克萊指著醫生的後方。

「什麼？」醫生轉回頭，只看見刺眼的車燈，向他急速接近。

在醫生的正後方，有臺失控的大貨車正向公園直開過來。貨車撞上了公園的護欄，沒再繼續往前衝，不過貨車上載滿了回收的鋼管，鋼管並沒有因為貨車急停而停下，反而是急射而出，一隻黑色生鏽的巨型鋼管正向柏克萊與醫生的位置飛過來。

但回頭的醫生在這一秒驚呆了，因為恐懼，他全身僵直，一步也動不了。反而是後面的柏克萊急衝過來，只差不到一秒鐘醫生就要被鋼管穿過，柏克萊將醫生撲倒，黑色鋼管卻直接穿過了柏克萊的身體，瞬間噴濺出大片鮮血。柏克萊在倒下去的時候，還順便把醫生往旁邊推，所以鋼管最後沒有壓在醫生身上。

滿身都是鮮血的醫生先是呆了五秒，才從地上爬起。他轉身要看柏克萊的傷勢，卻發現鋼管旁邊除了一大灘血，居然什麼也沒有。

「開什麼玩笑。」醫生也沒檢查自己有沒有受傷，就瘋狂地在小公園裡尋找柏克萊。只是他不管怎麼找，就是找不到那個幾秒前才救了他一命的病人。但他本人的確毫髮無傷。

「這不可能。」他滿身是血地跑回醫院裡，急忙奔向柏克萊的病房，把路上經過的所有人都嚇了一遍。他走進柏克萊的病房，卻發現床上空空如也，什麼也沒有。

「那個外國人出去了。」他隔壁床的病人道：「我剛在窗戶那邊看到他在公園做運動。醫生！你知道你滿身是血嗎？到底怎麼了？」

「我到底怎麼了！」醫生不知所措地回道。

柏克萊就這樣消失了，再也沒有出現過。再難以理解的事情，也只能等著被繁忙的生活沖淡遺忘。

就這樣過了幾週，護士對醫生道：「突然想起來，那傢伙的健保卡還在櫃檯裡。」

護士走到護理站，搜尋著喬治．柏克萊的健保卡。

「沒有。」護士道：「可是一定在這裡啊！如果他沒拿走的話。真的很奇怪。」他找了兩遍，還是沒找到。

「可是這是什麼？」醫生拿起一張卡片，發現那是一張天主教的福音小卡。

「這怎麼在這裡？」

「放錯地方了吧！」護士道。

字。

醫生將福音小卡翻過來，發現卡片背面寫著「存在即是被知覺」。幾個英文

沒有人再看見柏克萊，他彷彿他自己所說的諺語，不再存在於這個世界上。

只是那年冬天，醫生去天主堂受洗成了天主教徒。

Cibala
老師碎碎念

喬治·柏克萊(George Berkeley, 1685.3.12–1753.1.14)，通稱為貝克萊主教。他是愛爾蘭哲學家，與約翰洛克和大衛休謨被認為是英國古典經驗主義哲學家的三位代表人物。

柏克萊所代表的是古典經驗主義最為極端的一種形式：唯心論者。唯心論者認為物質的世界是不存在的，一切存在的只有被知覺到的意識，以及擁有知覺意識的心靈。現實世界是一場真實而穩定的夢境，在夢境的背後，其實什麼也沒有。

那是什麼使我們知覺的是同一世界呢?柏克萊對這個問題的回答是「上帝」，他認為「上帝」跟物質世界一樣是對我們眼前存在的一種解釋，甚至還是更好的解釋。柏克萊這種特殊的主張可能來自於他對「唯物論」的高度警惕，他認為相信有一個獨立於意識的物質世界，是信仰最大的敵人，因此走到了「唯物論」的對立面：「唯心論」。能否接受這種主張或許是因人而異，不過了解這種主張的特殊性與可能性，也是哲學思考重要的一環。

哲學很有事，你也來試試

☆柏克萊認為唯一真實存在的事物是什麼？

☆柏克萊如何回答，既然我們不在同一個物質世界中，為什麼我們能知覺到同一個物？

☆柏克萊提醒醫生不要被什麼迷惑？

☆閱讀 Cibala 老師碎碎念，簡介一下何謂「唯心論」。

☆閱讀 Cibala 老師碎碎念，解釋一下柏克萊為何要主張唯心論。

☆你贊同這種觀點嗎？為什麼？

休謨摔跤記趣

習慣是人生最偉大的指南針。

蘇格蘭哲學家　大衛・休謨

一七四四年，愛丁堡。

休謨摔進一個洞裡。他自己也不清楚過程，只記得邊走邊想不太專心，一回神，人就已經在洞裡了。

他站起身來，動動手腳，身體無疼痛感，似乎沒有受傷。這洞不小，洞壁筆直，高度超過六公尺。這樣的坑洞橫在路上其實很危險，不時就會有不專心的思想家掉進洞裡。

「怎麼辦呢？」

休謨試著攀上洞壁，試了幾次，就發現此舉的困難與危險。洞壁高又平滑，更麻煩的是壁旁的一方亂石，跌下時無傷已是萬幸，再不小心跌一次，可不能保證還有重來的機會。

他留心細聽附近有無人聲，大聲向洞外喊叫，喊得喉嚨都啞了，都無人回應。正當他哀聲嘆氣萬念俱灰時，洞口卻傳來人聲。

「誰在說話？」蒼老的女性聲音道。

「這兒！」休謨趕緊回應：「我是個掉下洞的行人，洞太深了，爬不上去。我需要幫助。」

「你需要什麼？」

「我需要人幫我爬上去。」

「我去看看附近有誰可以幫你。」老婦人離開了一下，回來的她道：「沒有！附近一個人也沒有。」

休謨急道：「你有繩子或梯子之類的東西，可以幫我爬上去嗎？」

「沒有，我是個孤苦無依的老太婆，什麼也沒有。」

「那你能叫人來幫我嗎？」

「我剛說附近都沒有人。我走得很慢，到有人的地方，可能要一整天。」

休謨心想：「好不容易有人，卻幫不上忙。」他大喊道：「拜託再幫我看看附近，一定有能幫我的人或物，拜託你了。」

「好吧！好吧！」老婦人回應著，她離開了一陣子後回來，語帶興奮地大喊：「你走運了。這裡有些藤類可以搓成繩索。等我一下，很快就好。」

「搓繩索？靠得住嗎？」不過他才剛想，洞口就傳來聲音道：「別擔心，我以前搓的繩索是村裡賣得最好的，只是後來沒這生意而已。對了，還有件事你得幫忙。」

「請說，我盡力。」

「你得跟我說話，我現在老了，沒人跟我說話我會睡著，我要是睡死了，你可得等久了。我開始了！」

休謨心想目前也沒其他的辦法，只好先等她。也許有人經過看見一個老婦人坐在路邊講話，會過來看看。他忙喊道：「女士，如果一旁有人經過，你得請他來幫忙啊！」

「什麼女士！你得叫我婆婆。你叫什麼名字來著？我好想睡，快跟我說話。」

「我叫大衛．休謨。」

「大衛．休謨？你是那個被稱為『懷疑論者』的休謨嗎？」

休謨心想這婆婆消息也太靈通了吧！回道：「是的，我就是他。」

「天啊，我怎麼會救到這樣的人。」老婦人語調轉為失望。她道：「我是個虔誠的基督徒，你是懷疑論者，我不知道該不該救你。我還是走好了，免得被人說閒話。」

休謨一想她走可糟了，忙道：「千萬別走！你聽過耶穌說的好薩瑪利亞人的故事嗎？那人幫了一個垂死的人，給他治傷，讓他休養，可沒問對方是不是基督徒。耶穌說要『愛人如己』，你不是該這樣嗎？」

老婦人想了一下回道：「你說的對，我該對你好點。休謨先生，你幾歲了？」

「三十三歲了。」

「休謨先生，到處懷疑東懷疑西的，你怎麼可能長的這麼大。」

休謨出於無奈，只好趕快跟她搭話道：「我並不是對所有的想法都懷疑，我只相信看得見，摸得著的東西。人類知識是從感覺經驗而來，但同時也被感覺經驗所限，超出感覺以外的概念都值得懷疑。我懷疑所有缺乏感覺證據的抽象概念。」

「說懷疑抽象，你自己卻說的那麼抽象，舉個例子好嗎？」

休謨心想婆婆還真犀利，回道：「舉個例子，一般人認為我們可以從過去的觀察推論出未來的狀況。」

「我知道，那叫做『歸納法』。」老婦人打斷他的話道：「你別以為我是個老太婆就不會讀書，我識字。」

「我沒這樣懷疑。」休謨心想這老婆婆也太厲害了吧！

「那就好。你快說，我一邊聽人說話會搓得快些。」

休謨順著話題講下去：「我們之所以相信歸納法，是因為我們預先相信，同類事物必具有相似的特性，比如說過去觀察到松香油是易燃的，因此松香油這類物必定易燃。」

「這當然是合理的啊，難道這樣想不對嗎？」

「大多時候沒錯，但合理與否不能只看結果，還得經得起理性認真的追問。認真想想，為什麼同類的物一定有相似的特性呢？」

「那是因為自然界就是有規律的。」

「那為什麼自然界就是有規律的？不要跟我說它本來就有規律的。」

「我才沒有那麼愚蠢。那是因為根據過去的觀察，自然界一直都是有規律的啊！咿？」

「你發現了！這正是我想批評的，說明歸納法是合理的原因，正是我們對過去世界的歸納。我們用一個歸納法，來證明另一個歸納法，卻不能證明歸納法本身。這好像如果你告訴我《聖經》是神的話，是因為《聖經》裡記著它是神的話。」

「我是基督徒，《聖經》我絕不敢說，不過歸納法的例子我懂。我換個說法，我們並不能確定自然界有沒有規律，歸納法只是個好用的猜測工具。說歸納法合理是因為我們每次用歸納法都能猜對。這總沒問題了吧？」

「為什麼你覺得一個在過去最好用的猜測工具，在未來就一定是這樣呢？」

「那當然是因為，該死，我懂了，又是歸納法。」婦人口氣中有懊惱，她道：「這還真是見鬼了。可是照你這樣，我們便什麼都不能知道了呀！」

「並不是不知道，而是有條件地知道。我並不是說不能使用歸納法。只是不要理所當然地使用歸納法，以為它永遠正確。這樣就夠了。」

「好吧。我在搓第二股了。你再說說你還懷疑些什麼。」

休謨心想這老婆婆絕不可能是普通的老人，只是出不了洞無法確認，還是先陪著她講話。他道：「因果關聯。我對事件之間的因果關聯也抱持懷疑。」

「太難了，可不可以舉個老太婆聽得懂的例子。」

「我踩空了所以掉到洞裡。常識以為這兩件事有因果關聯。但我以為這種關聯也值得懷疑。」

「懷疑這？傻孩子，你都還在洞裡呢！」

「我不是懷疑我在洞裡。我懷疑的是兩者間的『因果關聯』。『我腳踩空』跟『我摔在洞裡』兩者都是可以觀察的事件，但是我觀察不到我在洞裡是『因為』腳踩空。我觀察不到兩者之間的『因為』。」

「觀察不到『因為』，『因為』不就是兩件事先後發生嗎？」

「先後發生的兩件事情一定有因果關聯嗎？」

「一定！」

「一隻青蛙跳入水中，然後緊接著地震，這兩者也有因果關聯嗎？」

「這當然不算，這偶爾才發生一次，要規律發生才有。」

「教堂裡有位負責打鐘的教士。他每天起床後立刻去打鐘。他打鐘的原因是起床嗎？」

「他打鐘是因為那是他的『工作』。」

「是的，這就對了。」

老婦人想了一下回道：「這個例子是因為他有可能起床後不去打鐘。如果兩者規律地前後發生，而且沒有例外，甚至從來沒有間斷過，兩者之間一定有因果關聯。」

「好，那白天跟黑夜呢？白天之後是黑夜，黑夜之後是白天，兩者總是相續，絕無例外。可是白天與黑夜的原因不是彼此，而是地球的轉動。我們不會把黑夜當作白天的原因，或把白天當黑夜的原因，只因為兩者從未例外地規律相續。」

「所以不見得兩件事情前後相續，絕無例外，就一定有因果關聯？」

「是的，舉個例子，如果你看見A走出你家，回家發現財物遭竊。你看見A偷竊了嗎？」

「當然，還有其他可能嗎？」

「這樣想雖然自然，但肯定還有其他可能。如果在A出來之前，你沒看見的那段時間內，B也從你家出來，這時你怎麼說呢？」

「我懂了，那一定是B。」

「但我們還是沒有真的看到B偷竊。我們是感覺有『因果關聯』而不是真的觀察到它。我並不是說永遠不該使用這些概念，而是不該理所當然，覺得永遠不會錯地去使用。人類理智充滿像歸納法或因果關聯這種不確定的猜測，只是我們習慣性地相信，卻自以為知道很多罷了。我就是因為看不慣這點才成為一個懷疑論者的。」

「你說得很好，繩子也搓好了。不過我還想問你個問題，休謨先生，你相信神蹟嗎？」

休謨有點擔心答案會改變對方的態度，不過剛剛的談話一直帶給他一種安心的感覺，所以他鼓起勇氣道：「我不相信。」

「那你是不相信耶穌從死裡復活囉！即便有那麼多人見證過。」

休謨深吸一口氣後道：「一具死屍變成活人，跟一群人說謊，你覺得哪邊比較常見？」

「休謨先生，你是個真誠的人。繩索已經綁在大樹上了，你可以爬上來了。」

休謨面前多了一條垂降的繩索，繩索拉起來感覺十分堅韌。

休謨費了九牛二虎之力，拉得他手都破皮出血了，才爬出這個洞穴。他氣喘吁吁地重回地面，忙道：「謝謝你了。」

不過他掃視四周，卻發現周圍空盪盪的什麼都沒有。

「不是說走得很慢嗎？」休謨自言自語道。他轉身想看清楚剛爬上來的地洞，卻發現身後只有土堆，根本沒有洞。他四處查找，完全找不到洞的痕跡，倒是在土堆附近，找到了那條繩索，繩索上還有些血跡。

「這怎麼可能？」

此時空中突然傳來老婦人的聲音道：「你遇見我了，跟你夢見我了，哪邊比較常見？」

懷疑論者休謨一個人怔在風中，一句話都說不出來。

Cibala

老師碎碎念

大衛・休謨 (David Hume, 1711.4.26–1776.8.25)，蘇格蘭的哲學家、歷史學家，蘇格蘭啟蒙運動以及西方哲學歷史中重要的人物。

休謨是經驗主義的哲學家，同時也是近代有名的懷疑論者。他認為人類的知識不只以感知為底，還以感知為限，超出觀察以外的任何概念都值得懷疑。懷疑論者與無神論者的名聲讓他在追求教職時處處碰壁，但他對世界的影響力卻無法被這些二流人士阻擋，永傳後世。

休謨認為人類的知識有許多來自於習慣，例如習慣性地認為世界有規律，這些其實是自然賦予我們的思考工具。思考不是靈魂的內省，而是運用自然賦予我們的工具，在世界中收集資料求生，這非常符合現代科學觀點下的自然主義。本故事強調休謨懷疑主義的主張，把休謨對歸納法與因果概念的批評改寫後呈現給各位。

哲學很有事，你也來試試

☆休謨懷疑哪些事物，對哪些事物又不加懷疑？

☆簡單解釋什麼叫歸納法。

☆休謨如何批評歸納法？你同意嗎？

☆休謨認為事件之間的因果關聯能被觀察到嗎？你同意嗎？

☆休謨有說我們不應該使用歸納法，或因果概念嗎？他對這些到底抱持怎樣的態度？

☆休謨如何批評神蹟？

☆休謨認為有很多我們以為是確實的知識，事實上只是思考的習慣罷了，你同意這種觀點嗎？

休謨的借書之旅

理性是，而且只應該是激情的奴隸，除了聽從與服務激情之外，別無他用。

蘇格蘭哲學家　大衛·休謨《人性論》

一七四五年，愛丁堡。

前次匪夷所思的摔跤事件讓休謨好一陣子不敢出門，不過在維持健康的考慮下，他還是恢復了散步的習慣。

這天，休謨打算去借本書順便散心，卻在回家時碰見兩人在路上面紅耳赤地爭辯著。本來不甚在意的他在聽到「哲學」兩字後興致大起，休謨假裝悠閒放慢腳步，耳朵卻專注地收集每個在空氣中擴散的字句。

「不是的，你沒掌握到要點。」X提高音量道：「人類是受造物，受造物『應該』做什麼得由創造者決定，創造者才能決定受造物的意義。」

Y回道：「根據宗教推出的結論我很難恭維。人是自然的產物，應依照自然理性行動。透過理性了解自己，反省自己『應該』做什麼。」

X立刻回道：「單靠理性決定一切實在太天真了。理性能了解科學，但對人『應該』做什麼卻是眾說紛紜，莫衷一是。」

Y立刻回道：「我反而覺得宗教才是紛爭之源，宗教在歷史上還帶來過戰爭。況且，我們又不可能返回創世之時，你的論點根本找不著證據。」

「你說根本就沒有上帝創世，證據又從何而來？還不是一樣得回到過去？」

X與Y繼續爭論彼此假定不當。休謨終於忍不住了，走到兩人旁邊，行禮道：「午安，兩位先生，真是段有趣的討論。」

「請問你是？」Y不解地問。

「我是路過此地的商人，聽見這場精采的討論不自主停了下來，希望能分享兩位的智慧。」休謨語氣格外謙恭。

謙恭態度很自然贏得了兩人的信任，兩人固然囉嗦，但對自己想法很真誠，又不厭其煩地重釋了一遍己見。

「若我的理解無誤，兩位討論主題是人『應該』跟『不應該』的是非概念是從何而來。人的思考除了能獲得知識，也能權衡行動的是非。即便山野莽夫或凡夫俗子，也能意識到行動有應該或不應該之分，這就是『道德』，行動的好壞是非。完全沒有是非概念的人，不是瘋子，便是罪犯。」

「你理解的速度很快。」X讚道。

「回到爭議點上。X認為人是被造物，被造物的意義由創造者決定，所以人該做什麼應由造物者決定。Y認為人是自然物，人該做些什麼，理應由自然的理性決定。兩位是否同意？」

兩人點頭表示同意。

「既然參與討論，我想簡單表示一下我的看法，請兩位指教。在我看來，兩位的論點都有很嚴重的錯誤，而且是『同一個錯誤』。」

「同一個錯誤？」兩人異口同聲道。

「是的，兩位的『推論』都出了差錯。為求精確，容我先簡單解釋什麼是『推論的差錯』。如果有人跟我說圖書館裡有二十個人，由此可以推出圖書館裡至少有五個人，對不對？」

「對的。」X道。

「若我從圖書館裡有二十個人推出圖書館裡至少有五個老師，這也對嗎？」

「不對，因為不能確定那二十個人的身分。」Y答道。

「不管出發點是對是錯，有些從這些點的推論是對的，也有些是錯的，對嗎？」

「是的。」兩人異口同聲達道。

「先不論出發點對不對，二位剛剛都犯了『推論』的錯誤。」

「不可能。」Y以不可置信的語氣道。

「你們都從單純『事實』的觀點，不自覺地跳到了『價值』的概念。X認為從『上帝創造了人類』可以推論出『人類應該服從上帝的旨意』，對嗎？」

「沒錯。」X答道。

「從創造者造了某個東西，其實並不能推論出，被造物就應該符合他設計的目的。」

「為什麼？難道鐘錶不應該依照設計者的意志運行？」

「鐘錶依照設計運轉，這是因為鐘錶沒有自己的意志，只能機械式運轉。但假定我創造出了具有思考與意志之物，這物產生了自己的思考與價值判斷。既然是該物自己的價值觀，便可能與我原來設計的不同。」

「你創造了一物，該物卻不依照你的設計而行？那你設計與創造是為了什麼？」

「我想我會有點後悔於自己創造，但那是我的問題，不該強加在物之上。一旦我創造的物有了思想與意志，有了自己的價值觀，它就有了自己的應該與不應該的概念。即便與我不同，也不能只有創造者的價值觀才是『值得追求』的。」

「難道一個愛我們，又充滿智慧的觀點，我們不該遵從嗎？」

「即使應該，那也是因為你從我們『應該』遵從愛我們的全知者的想法推論而來。你仍然在推論中偷偷加入了『應該』的概念。就像是魔術師在帽子裡藏著鴿子，我們可以驚嘆於魔術師的技巧，但有理智的人都知道鴿子不來自帽子，而來自巧妙的隱藏。除非加入創造者的命令是『應該』被遵守的，否則單從『上帝造了人』無法推出人『應該』依照上帝的命令或設計而行。這就是推論上的錯誤。」

X沉默不語。休謨轉向攻擊Y。

「你的問題也非常類似，當從人具有理性，推論出人應該做些什麼一樣有上述的問題。」

「我的說法完全不同。他的說法是人應該遵循外在神明的命令，可是我認為一個人應該遵從『自己的理性』。這可是天壤之別。」

「有些不同，我承認。但從事實跳躍到價值概念這點問題上，並沒有不同。從『人天生具有理性』推論出『人類應該遵循理性思考』，問題一樣是為什麼理性的命令就應該遵守。如果你對人說『你應該吃這些食物』，他問為什麼，你答『因為這些食物很營養』，其實你假定了人『應該』吃營養的食物。否則，單從食物營養並不能推出應該吃。或許你會說，因為營養的食物讓人健康，可是為什麼人『應該』追求健康呢？『應該××』只能由『應該○○』的假定推出。即使人天生具有理性，你依然需要加入『人應該發展天生的理性』才能推出你想要的論點。」

「理性不就是決定哪些想法『應該相信』的嗎？」

「我們討論的是行動抉擇，而不只是相信。行動抉擇中價值的概念是不可能避免的。你的推論一樣忽略了事實與價值的差異，事實只管真假有無，價值考慮的卻是好壞對錯，一件事是或不是是一回事，應不應該又是另外一件事。」

兩位共同的問題，就是都急著想從事實推論出價值概念，其實都假定了更多隱藏的價值概念。」

「你怎麼能把事實與價值完全區隔開來？」X 問道。

「為什麼不行？事實就是描述事物如何，價值是我們對事物抱持的態度如何。兩者並不難分。」

「生活中我們常帶著價值判斷理解事實，兩者常一起出現，以致於難以區分。」Y 道。

「我區分的是事實與價值的『概念』。生活中物體的形狀與顏色往往同時出現，但分開這兩組『概念』卻沒有任何困難。這兩組概念的不同是很清楚的，當你說這兩者常一起出現時，不也說明了你能清楚分開這兩者？」

「你不斷批評我們從事實概念推導出價值，那你認為人類的價值的概念到底是從哪裡來的？」X 問道。

「價值只能由價值而來，善與惡不來自於推論，而來自於『感受』。人生而有喜歡與厭惡的感受，有趨利避害的情感，這些情緒與感受才是是非判斷與道德行動的來源。情感雖然看來相對多變，但人類對大部分事物的好惡，並沒有想像的那麼不同，人的感覺器官與生理構造上的相似保證了這一點。」

Y回道：「你說的倒簡單，但趨利避害只是個人的情感，這種情感與道德不可能相通。人的情感追求的是私利，私利是與道德相違背的。道德是非不可能只由情感而來。」

「那是你把情感設想得太過簡單。人類情感除了自身好惡之外，還能與其他人情感產生共鳴，就好像纏在一起的幾條弦，弦的震動會自動地傳遞給旁邊的弦。這就是『同情心』，同情心讓人走出自我的圈子，站在他人甚至社會的角度思考，產生超越私利的是非觀念。我們心中道德法則與自我私利不斷衝突交戰，是為了讓情感表現出一致的態度，行為的是非選擇最後是情感的衝突。」

「我很難相信理性在行為抉擇中沒有任何用處！」X道。

「在人類應該做些什麼這件事上，理性只是情感的奴隸。理性告訴我們如何去，但選擇哪一條路，完全是情感的衝突與抉擇。」

兩人再問了休謨一些問題，但沒有一個問題是休謨答不出來的。休謨是個犀利無比，讓人難以招架的哲學家。

一七七〇年哲學家康德稱他被休謨從獨斷論的夢中驚醒之後，休謨的學說才開始為大家重視。一七七六年他在故鄉死去，一直到死前，他都是一個極富批判能力的哲學家。

Cibala
老師碎碎念

本故事的主角一樣是上一篇故事的大衛・休謨，討論他在人倫理道德問題上的主張。

古代倫理學在行為的道德抉擇上多半採取「以理馭情」的主張，突出「理性」的重要性，貶抑情感。休謨則完全相反，認為主宰人類行動抉擇與價值判斷的不是理性，行為與道德的基礎是情感。這種觀點在道德哲學的討論上造成了很大的影響。亞當斯密、邊沁與約漢・彌爾都在一定程度上繼承了休謨這種以情感為主軸的論點。這種觀點的特色是剝除掉道德至高無上的地位，變得更容易協調與討論。

這其實跟現代的觀點比較接近，也可以說這是近代哲學開始帶來現代化的重點之一。

哲學很有事，你也來試試

☆簡述X的論點。

☆簡述Y的論點。

☆休謨認為這兩人共同的錯誤是什麼？

☆休謨認為「應該」的推理都隱藏了「應該」的概念，舉一個例子解釋之。

☆休謨認為價值概念的來源是什麼？

☆休謨認為道德是非的根源是什麼？

☆休謨認為是非概念最後依賴於感受，你同意這種觀點嗎？

☆休謨認為理性只是情緒的奴隸，你同意這種觀點嗎？